出口 汪

出口 汪の論理的に考える技術

ソフトバンク文庫

NF

JN264167

本作品は当文庫のための書き下ろしです。

はじめに

二一世紀になって一〇年以上が過ぎ、社会も私たちの生活も大きく変化してきました。

誰もが携帯電話を持ち、さまざまな情報を手に入れることができます。さらに、携帯電話の機能はどんどん進化し、今やパソコンは過去のもの、これからはスマートフォンなどモバイルの時代です。

かつて「情報は武器」だといわれましたが、今では、誰もが溢《あふ》れるほどの情報を手に入れることができます。

そして、そこで求められるのは情報を取捨選択し、そこからどう「考える」かということなのです。

「考える技術」、それも「論理的に考える技術」が、重要となったのです。

「論理」というと、「むずかしい」、「そんなの無理」と思われるかもしれません。

しかし、論理というのは、私たちの日常の中にもあるものです。

たとえば、小さな子どもが新しいオモチャを親にねだるときに、「だって、○○ちゃんも持ってるよ」と他の子どもを引き合いに出すことがありますが、これも立派な「論理的会話」なのです。

私たちに必要とされる論理力は、長大で難解な学術論文を読みこなそうとか、物理学の複雑怪奇な理論を解き明かそうというものではありません。毎日わずかな時間、論理力を身につけるための努力をすれば、ひと月もあれば、誰にでも簡単に身につけられるものです。


ありがたいことに、一度身についた論理力は失われることがありません。身についてしまえば、一生、あなたの力になってくれます。意識しなくても、自然に論理的に考えられるようになるのです。

日本人は欧米人と比べて、論理的思考が苦手であることは否定できません。それは、この国の民族的な成り立ちや日本語という言語の特徴からくるものです。

日本人が議論下手だといわれるのも、論理的思考が苦手だという特性が大きな理由になっています。

しかし、逆に言えば、苦手だということは、これからの伸びしろがとても大きいということでもあります。

私は多くの受験生たちに現代文の指導をしてきて、国語という教科に対する考え方や勉強法に疑問を感じ、「論理エンジン」という言語プログラムを考案し、指導を始めました。これは、いかに論理的に文章を読み解き、書くかという指導です。その結果何と、生徒たちは国語の成績が伸びたのはもちろん、英語や数学をはじめとする他の教科の成績まで伸びたのです。

論理力がさまざまな場面で力になるのは、受験勉強に限ったことではありません。日常会話でも読書でも仕事でも、今まで理解できなかったことが、論理力によっていともたやすく可能になるでしょう。

さらに、論理的に話したり、論理的な文章を書くという行為は、相手の立場を尊重する気持ちが根底になくてはなりません。つまり、論理力を磨くことは、相手を認め、思いやる心を育てることにもつながるのです。

今、日本は大きな転換期にあるといわれ、「生き残り」「格差の拡大」といった言葉を盛んに耳にします。

多くの人が本書によって、論理的に考える力を自分のものとして、このむずかしい時代に立ち向かい、人生の勝者となってもらえれば、筆者にとってこれ以上の喜びはありません。

目次

第3章　なぜ「読む」ことで「論理力」がアップするのか？

第4章　話の「説得力」を倍にする「論理」の使い方

第7章　最大の武器・考える力は「論理力＋創造力」だ

ゆいの自己紹介

私の名前は、ゆい。

今、社会人二年生。最近、仕事の面白さ、大変さがいろいろとわかってきたところです。壁にぶつかる、と言うと大げさかもしれないけど、毎日の仕事で、もっとうまくやれないかなって思うことも多くて……。

そんな時、出口先生が社会人に役立つ「論理力」を身につける方法を教えてくださるというのです。才色兼備を完成させるチャンス、というわけで、大学時代のように再びチャレンジする決意をしました。

大学生の頃に、出口先生の『教科書では教えてくれない日本の名作』（ソフトバンク新書）を読んで、漫画とテレビとゲームの世界しか知らなかった私は、文学の面白さと人間の深淵さを学びました。当時の私にはちょっと刺激が強すぎたけれど、おかげで文学が好きな女性になれたと思っています。

そしてそれ以来、先生の大ファンでもある私。

出口先生、どうかよろしくお願いします！

第1章

今、なぜ「論理力」が求められるのか

「論理力」が求められる時代

そんなわけで、今日から「論理力」というテーマで講義を始めるよ。

はいっ！　よろしくお願いします‼

そんなに、硬くならなくても大丈夫。一対一の講義だから、わからないことがあったら何でも聞いてね。

ところで、ゆいちゃんは、社会人二年目になったんだっけ？

はい。二年目になると、楽しいこともいっぱいあるけど、いろいろ悩むこともあって……。

社会に出ると、学生の頃とは違うことがたくさんあるからね。

そうなんです。入社したばかりの頃は、上司や先輩の指示で動けばよかったけれど、後輩もできたし、仕事も少しずつ任されるようになったし。

そういう悩みが出てきたのなら、ゆいちゃんも立派な社会人になったっていうことだよ。きちんと仕事のこと、自分のこれからのことを考えているから、考えたり、悩んだりするんだから。

でも、このままじゃいけないって思うんです。これからは企画書や報告書を書く機会も増えるし、会議で主体的にプレゼンする機会も増えるだろうし。それに、将来は結婚しても仕事は続けていきたいって思ってるから。

大学生の頃に遊んでいたツケが回ってきたかな？

ひどいわ、先生！　……でも、そうかもしれません。報告書を書いても、何回も書き直さなければいけないし、企画書なんて、アイデアを出したまではいいけど、結局、ほとんど先輩に書き直してもらうような感じだし。

そうか。ゆいちゃんも考える力、すなわち「論理力」を身につけることが必要なようだね。でも、ゆいちゃんだけじゃなくて、日本人の多くが、もっと言えば、現代日本という国自体が考える力、つまり「論理力」が求められているんだ。

考える力っていうのは、何となくわかるような気もするけど、論理力って、むずかしい気がして、学者とかそういう人じゃなければあまり必要ないように思っていたけど。

そう思いがちなんだけど、こうやって話をしているときだって、論理力は必要なんだよ。自分の考えていることを相手にちゃんと伝えたいと思えば、それなりの話し方をしなければならないだろう？　そのために大切なのが「論理力」さ。

えっ。話しているときでもですか？

そうさ。**本を読むときでも、文章を書くときでも、ものを考えるときでも論理力はとても大切なんだ。**受験勉強だって、論理力があれば、ずっと上手に、効率的にできるんだ。

えっ。受験勉強って、記憶が大切だって、いわれてますよね。先生の教え方はそうじゃなかったけど。

そういう誤解があるよね。でも、覚えるのだって、ただ訳もわからず覚えようとしたって、なかなか覚えられないだろう？　論理を使って、きちんと理解した上で覚えれば、ずっとやさしく、しっかりと覚えられるんだ。

それに、「受験勉強＝記憶力」といわれていたのは、日本の社会が、すでにできあがったものを正確に覚え、同じことができる能力を求めてきたっていう面もあったからだともいえる。

今私たちは、**「模倣型」から「創造型」へ、「後進型」から「先進型」への変化を求められているんだ。**それは意識の面も含めてね。

わかるような、わからないような。考え方を変えなきゃいけない時代ってことはわかるけど。先生、もう少し、わかりやすく教えてください。

戦争に負けた日本は、アメリカなどの先進国の優れた技術を真似することから復興の第一歩を歩き始めた。「模倣」の始まりだね。

でも、最初は「日本製品」というと「安かろう、悪かろう」の代名詞のように思われていた。今では信じられないけど、形は似せてあっても、品質がダメだったんだ。

今の日本製品は品質で勝負しているのに、昔は違ったってこと？

そうなんだ。それが次第に、品質が上がっていって、「日本製は安いけれど、悪くない」といわれるようになった。一つ、ステップアップしたわけだ。

さらに、「日本製品はすごくいい。同じ値段なら日本製品を買う」、「少しぐらい高くても日本製品が信頼できるからいい」といわれる時代が到来したんだ。日本が先進国の仲間入りをしたわけだね。

そして、日本製品はただ品質が優れているだけではなくて、新しい技術や価値を提案し、世界に問う時代がきている。「ウォークマン」はその先駆け的な存在だったかもしれないな。

「ウォークマン」って、今でいうｉＰｏｄみたいな携帯型音楽プレイヤーのことですよね。

そうさ。当時はソニーの世界的大ヒット商品だった。それにさっきの「変化」の話を考えると、世界的な要因も相まって、日本も変わっていかざるをえなくなったんだ。
旧ソ連が解体して、冷戦構造が崩壊すると、途上国といわれる国々が政治的、社会的に安定して、経済的に発展してきた。ＢＲＩＣｓという言葉が数年前に盛んに使われたけど、ブラジル、ロシア、インド、中国がその代表だよ。アジアでも中国はもちろん、インドネシアやベトナムなどもすごく発展している。

中国は日本のＧＤＰを追い越して世界二位になったし、韓国の車の販売数も日本の脅威になっているみたいだし……。

そうなると、これまであるものを品質を落とさず、安くつくるという役割は、そうした国々が負うことになる。日本の企業がそれらの国に生産拠点を移しているのでもわかるけど、人件費の高い日本は、価格で勝負したら勝てないからね。

それだから高くても買ってもらえる、しかも、新しい価値を持ったもの、今までにない何かをつくり出さなければいけないようになったんだよ。

もう一つ、忘れてはならないのが、コンピュータだね。ゆいちゃんもパソコンは使っているだろう？

仕事でもプライベートでもパソコンは必需品です。もし、仕事でパソコンが使えなくなったらと考えたら恐ろしいですもの。プライベートでも、ネットでいろいろ調べたり、メールもするし。携帯電話も絶対必要だけど、パソコンがない生活は考えられません。

パソコンの性能がどんどん良く、しかも安くなって、みんなが仕事でもプライベートでも使うようになった。パソコンが普及する以前は、速く正確に計算する能力は高く評価されたし、物事をきちんと記憶したり、整理する能力は、大切だった。

今でも、そうした能力が必要ないとは言わないけど、計算することはコンピュータがしてくれるし、住所録や電話番号などもパソコンが管理してくれるし、携帯電話に登録しておけばいいよね。

携帯電話もスマホは、性能的にはほとんどコンピュータと同じですしね。

そうなると、**人間に求められるのは、コンピュータができないこと、つまり「考えること」なんだ。**たとえば、パソコンはこれまでゆいちゃんがやった仕事で必要だったことを入力しておけば、そのデータを保存してくれるし、ソフトを使えば、わかりやすく整理してくれるよね。でも、それらの過去のデータから新しい仕事の企画を考えてはくれないだろう?

そうですよね。パソコンのデータを見ることはできるけど、それってこれまでやった過去のことばかりですもの。パソコンが企画を考えてくれて、

自動的に企画書までつくってくれたら本当に楽なのにな。

おいおい、そんなこと言っちゃダメだよ。もし、パソコンが企画を考えてくれたとしたら、きっと誰がつくっても同じような企画ばかりになっちゃうと思うよ。同じ過去のデータや考え方を、人によって違う角度から見て考え直すから、それぞれ違った企画が生まれる。これが人間の素晴らしいところなんだから。これこそ、コンピュータに真似ができない、人間にしかできないことだ。

あっ、なるほど！　人間にしかできないことは「考えること」なんですね。

そうなんだ。この**過去のデータや知識から何か新しいことをつくり出すときに、考える力、論理力が大切になる**んだ。物事の筋道を理解したり、バラバラな知識を有機的に結びつけるときに、論理力が非常に大事なんだよ。

それに、「グローバル化の時代」って、ずいぶん前からいわれているよね。仕事で海外の会社や人とやり取りすることもあるだろうし、日本にも外国人がたくさん訪れているし、住むようになった。そうした外国の人たち、言語も文化も違う人たちとコミュニケートして、お互いの考えをわかり合おうとしたら、論理がきちんとしていなければならない。**感覚でわかり合うっていうのは不可能**なんだよ。

グローバル社会っていうと、すぐ語学だ、英語だっていうけど、それだけじゃないんですね。

その通り。日本の常識が相手の国では非常識っていうことだってあるからね。そうなると、いくら英語がペラペラで、表面上はコミュニケートできても、本当のコミュニケーションはできない。言葉はあくまでも道具、**重要なことをコミュニケートし、理解し合うためには「ロジック」が不可欠**で、そのロジックを理解し、駆使するには「論理力」が必要なんだ。

なぜ日本人は論理的思考が苦手なのか

先生、何だか私、自信がなくなってきちゃいました。ロジックだとか、論理力だとか、どうしたら身につけられるのかわからないし、私、論理的に考えるって、とても苦手なような気がします……。

心配いらないよ、ゆいちゃん。生まれたときから論理的思考が身についていて、得意だなんて人はいないんだから。それにね、日本人はそもそも論理的な思考が苦手な国民でもあるんだ。

もちろん、育った環境とか受けた教育とか、個人差はあるけど、論理的思考が身についている人だって、みんな自分で身につけてきたんだ。しかも、僕たちは学問を究めようとしているわけじゃないだろう？　日常生活や仕事で、誰かと、よりしっかりと深くコミュニケーションできたり、きちんと筋道立ててものを考えて、それを他の人に理解してもらえるようにするための論理力なんだ。それなら、誰だって意識の持ち方や日頃のちょっとした努力で身につくはずだよ。

本当ですか？　ちょっと安心しました。今先生は、日本人は論理的に考えることが苦手だって言ったけど、それはどうしてなんですか？

それは、日本人という民族、日本という国にその根っこの原因があるといってもいいかもしれないな。今でこそ日本には外国人が多く暮らすようになっているけれど、この国は長い間、同族的なムラ社会だった。ムラ社会では、お互い何となくわかり合えるという安心感の中で暮らしている。

日本は極東の島国だし、江戸時代は鎖国もしていたからですね。

しかも、日本人はもともと農耕民族だろう？　今でも農村では田植えや稲刈りを手助け合う風習が残っているけれど、昔は、家の建て替えや屋根の葺《ふ》き替えなど、さまざまなことで協力していくのが農耕社会の特徴だったんだ。とくに、稲作の場合にはその傾向が強かったようだね。

そういう社会では、個人的な意見や考えを強く主張することはタブーといってもよかった。その集落であったり、地域であったり、共同体を維持していくためには、何よりも全体的な「和」が大事にされたんだ。

和を乱すことを嫌うんですね。

だから、はっきりと言葉にしなくても、何となくわかり合ったり、言葉の裏に隠されたニュアンスや相手の真意を読み取ったりということが大切にされた。論理よりも感覚が重要といってもいいかな。だから、論理力が身につかなかったんだ。もっとも、そうした論理よりも感覚を大事にしてきた日本だから、和歌や俳句といった文化が生まれたともいえるかもしれないけれどね。

しかし、仲間内ではそれでもいいけど、外部の人間にはそれでは通じない。日本人同士でコミュニケートしているのと同じように外国人と話をしていると、お互いにわかったと思ったことがまるで正反対だった、なんていうことがしばしば起こって、問題になるということが起こりだしたんだ。

あっ、聞いたことがあります。「日本人のイエスはイエスじゃないって」。日本人と交渉した外国人が、「イエス」と言われたから自分の主張が受け入れられたと思っていたら、ちっともその通りにならないというので怒ったという話ですよね。

そういうことが大昔にはよくあったんだ。きっと今でもあるはずだよ。日本人は「それは違う」「それはできない」と思っても、はっきり「ノー」と言ってしまっては、相手の顔を潰《つぶ》す、相手を傷つけると気を使って、遠回しに断ったり、やんわりと否定したりするよね。「うん、確かにそうだね。だけど……」というような言い方を私たちはよくするだろう？

はい。友達づき合いとかでも、そんな会話はしょっちゅうかも。

日本人なら、「あっ、自分の言ったことは断られたんだ」とすぐにわかる。でも、外国人は最初の「イエス」を聞いて、自分の言ったことが受け入れられたと考えるから、トラブルになるんだ。

「他者意識」の重要性

さっき、日本人は農耕民族で、共同体の和を大切にしてきたと話したよね。ある意味で、日本という国そのものが大きな共同体、村だったといってもいいかもしれないね。みんな仲間だから、そのいい関係を乱すようなことをいってはいけない、すべてをはっきり言わなくても、相手はわかってくれる、そんな意識を常に持ってきたんだ。

もちろん、それが悪いというんじゃない。そうした日本人の意識や考え方にもいいところはたくさんある。だけど、外国人とのコミュニケーションや今の社会では、それではやっていけないのも事実なんだよ。

ずばり、**これまでの日本人に欠如していたのは、「他者」という意識だったんだね。**ここでいう「他者」とは、単なる「他人」というような粗雑な捉え方ではなくて、「根本のところではどうやってもわかり合えない存在」という、ある種の絶望感といってもいいものがその奥底にはある。

ちょっとむずかしい話になってきたかも……。でも、面白い。

ヨーロッパは基本的に狩猟民族だよね。狩猟民族もときには協力して大きな獲物を獲ることはあるけれど、もし、目の前にいる動物が自分の家族の飢えを満たす程度の大きさしかなかったら、他の人間はライバル、敵になる。だから、他人は、「何となくわかり合える存在」には決してなりえないんだ。

しかも、陸続きのヨーロッパでは、いろいろな民族が侵略し、侵略されるという歴史を繰り返してきた。それはゆいちゃんも高校のときに世界史の授業で教わっただろう?

はい。ずっと戦争ばかりの征服の歴史ですよね。

こうした歴史の中で、ヨーロッパの人たちは強烈な「他者意識」というものを育ててきた。その「根本のところではわかり合えない」他者とコミュニケーションし、自分の意見や考えを理解させ、納得させるには論理力が不可欠だから、必然的に論理的な思考が育てられ、身についていったんだよ。

なるほど。日本人とヨーロッパの人たちの考え方の違いは、そうした長い歴史的背景が根っこのところにあるんですね。

そうだね。その違いはそう簡単には埋めることはできない。だからこそ、論理が大切になるといえるんだね。

アメリカを考えてみるといいよ。アメリカは移民によってつくられた国だから、国が生まれたときから、いろいろな民族が隣り合わせで暮らしてきた。隣に住んでいる人は自分と文化も習慣も考え方もまったく違う人かもしれない。もしかしたら、言葉だって通じないかもしれない。隣の人とでも、「何となくわかり合う」ことは不可能な社会なんだ。

その考えは今でもアメリカ社会の根底にあるよ。ひと口に白人といっても、ルーツを辿れば民族が違うし、ネイティブアメリカンの人もいれば、アフリカ系の人も、アジア系の人もいる。ヒスパニックといわれる中南米から移民してきた人たちも増えてきて、中には英語がほとんどしゃべれない人たちすらいる。

「アメリカは人種の坩《る》堝《つぼ》」っていいますもんね。

極端なことを言えば、彼らにとって、自分以外の人間はすべて他者、「根本のところではわかり合えない存在」なんだね。だから、コミュニケーションを取ろうとしたら論理が必要になるし、何かをやろうとしたら契約をきちんと取り交わし、問題が起こったときには、訴訟をして第三者に裁いてもらう。そういう社会ができ上がっていったんだ。

ちょっとしたことでも契約書を交わしたり、何かあるとすぐに裁判になったりするわけがよくわからなかったけど、こういう考え方というか、国の成り立ちというか、深い理由があったんですね。

うん。「相手は理解し合えない人間だ」という前提があるから、その相手と取引するには、お互いにルールを設定して、契約を取り交わす必要があるし、トラブルが起こったら、当事者同士では解決できないと考えるから、第三者の判断に委《ゆだ》ねることになる。

彼らは、お互いの立場や考え方を明確にして、初めて関係が結べると考えているんだよ。だから、日本人のような、すべてを曖昧《あいまい》にぼかされる、イエスかノーかさえはっきりとさせない相手を前にすると、途方に暮れてしまうんだ。

日本人って何を考えているかわからない、って外国人に思われているみたいですね。

でも、こうした欧米的な考え方がすべて素晴らしいとは思わないし、日本の社会がこうした考え方に完全に変わらなければいけないとも思わないけれど、外国の人たちとつき合う上ではもちろん、日本の中でも、もっと「他者意識」を明確に持つ必要はあると思うな。

そうかぁ。日本人に欠けているのは「他者意識」なんですね。

そう、「他者意識」。**これがあまりにも希薄なために、いろいろなことがうまくいかなくなっていることが多い**と思うんだ。

面接試験の意味がわからない学生

今は就職難で、大学を卒業しても仕事がなかったり、就職が決まらなくて留年する学生もたくさんいて、大変な時代だよね。そんな中、ゆいちゃんは就職試験を突破して、ＯＬになったんだから立派だね。

ありがとうございます。先生に褒めてもらえると嬉しいですけど、就活はかなり大変でした。書類選考で落とされちゃったところもあるし、筆記試験までは合格しても面接で落ちたり。友達にも、成績は良いのに面接で落とされちゃって、なかなか就職が決まらなくて悩んでいるコがいました。

私もこれまでに、成績は優秀で、筆記試験は文句なしに通るのに、面接でバタバタと落ちるっていう学生を何人も知っているよ。それが続いて、「自分という人間が否定されたような気がして、落ち込んでしまいます」なんて言って、悩んでいた学生もいたな。

「何で面接で失敗ばかりするんだろう」「私のどこがいけないんだろう」って悩んじゃったり……。私も面接で落ちた会社がありましたけど、筆記試験で落ちるよりもショックですよね。

ゆいちゃんは会社の面接試験って、どんな場だと思っていた？

やっぱり面接官の人たちに、自分がどんな人間かを知ってもらったり、自分が仕事に対してどう考えているかをわかってもらうのが面接なんじゃないんですか？　私だけじゃなくてみんなそう考えていたんじゃないかな。

じゃあ、ゆいちゃんはどこの面接試験でも、「私はこんな人間です」とか「こういう仕事がしたいです」っていうような話をしたのかな？

だいたいそうですね。でも、そうじゃない会社もあったかな。今の会社の面接は、面接官の人から趣味や友達のこととかいろいろ聞かれて、雑談みたいな感じになって、すごくリラックスして話ができたんですけど、終わってから、「こんなので良かったのかな？」って思ってたくらいです。だから、内定をもらったときにはビックリしちゃいました。

きっと、その雑談みたいな面接が良かったんだね。面接官は、雑談に入ったときにはもうゆいちゃんに内定を出すことを決めていたのかもしれない。その後の質問や会話は、確認のような感じだったんじゃないかな。

えっ、どういうことですか？　あまり自分のことを話していないのに、面接官は私のことがわかったんですか？

私の知り合いにも、企業の人事担当者や採用試験で面接官を務める人が何人もいるけど、そういう人たちに「面接のときの選考基準は何ですか？」と聞くと、みんな口を揃えて、「一緒に仕事をしたいと思うかどうか、それだけです」と言うんだ。

「仕事ができそう」とか、そういうことじゃなくて？

違うんだ。面接というのは自分が優秀であることをアピールする場だと考えている学生も結構いるよね。でも、成績が優秀かどうかは、大学の成績表を見てもわかるし、筆記試験の成績を見れば一目瞭然だ。

ゆいちゃんは「自分という人間を知ってほしいと思った」というけど、面接の短い時間の中で、初めて会う相手のことを知ることはむずかしいよね。

だから、面接官はたくさんの学生と面接するときに、「この人間となら、一緒に仕事がしたい」と思えるかどうかを判断基準にするんだ。

何だか、意外な気がします。

中途採用で経験者を募集するならともかく、学生には入社したその日から戦力になることは求めていない。仕事はだんだん覚えていけばいい、教えていけばいいと考えている。仕事ができるかどうかは、それからの話だよ。

だから、自分の言うことを素直に聞いてくれ、職場環境に順応できて、周りの人たちと協調できる人間を部下にしたい、そういう人間と一緒に働きたいと思うんだ。

だから、学生の話をいろいろ聞かなくても、相手がどういう人間か、すぐにわかっちゃうんですね。

面接官は、採用か不採用かをほとんど瞬時に決めるっていうよ。その後の質問は、いわば確認作業なんだ。ゆいちゃんの場合も、今の会社の面接官はすぐに「このコなら一緒に仕事をしたい」って思ったんだよ。後の「雑談」はその判断が間違いじゃないかを確認していたんだ。

そうなんですね。でも、学生の立場からしたら、面接官が、どんな学生なら「一緒に仕事をしたい」って思うか、よくわからないですよ。だから、自分がどんな人間か、一所懸命にアピールしたくなるんじゃないですか?

自分が面接官だったら、どう感じるか、どう思うかを考えてみればいいんだ。これもさっき話した「他者意識」といってもいい。相手がどう考えているか、どう感じてるかなんて、まったく気にしようとしないで、ただ自分がどんなに優秀か、自分がどんな人間かをペラペラ話し続ける人間と一緒に仕事をしたいと思うかい？　そういう**自分のことばかり話す人は、だいたい他者意識が薄いから、相手にわかってもらうという大切な部分が欠如していて、ただ自分のことを話し続けるだけのことが多い。**

……何だか、耳が痛いような……。

だって、相手の立場も考えずに、ただ自己主張するだけの人間なんて、一緒に仕事をすることになったら最悪だろう？　自分の言葉で話すことは大事なんだけど、それと自分の言いたいことだけ言うのとはまったく違うんだ。それを混同していたり、はき違えている人は結構いるよ。他人の意見の受け売りではなくて、**自分自身の考えを、相手の立場や考え方を考慮して、理解してもらえるように話す、それが本当の意味での「自分の言葉で話す」っていうこと**だからね。

私も落ちてしまった面接では、自分をわかってもらおう、アピールしなくちゃって思って、面接官がどう感じているかなんて考えずに、ただ必死にしゃべっていたような気がします。

企画書が書けない若手社員たち

他者意識は会社に入ってからも重要だよ。仕事の話をするときには、「何となくわかってもらえる」という意識では通用しない場面もたくさんある。つまり、自分の考えを相手にわかってもらえるように、きちんと伝える必要があるってことだけど、そのときに、他者意識と論理力が不可欠になるんだ。

たとえばですが、仕事のどんな場面で他者意識が必要になるんですか。

その典型的な場面が企画書作成だよ。「最近の若い社員は企画書が満足に書けなくて困る」っていう企業の人間を何人も知っているけれど、**企画書が書けない人というのは、他者意識や論理力が欠如している**んだよ。ただ自分の思いつきや考えを並べただけでは、他人には理解してもらえないし、納得させることなどできっこない。それじゃあ、企画書とはいえないよ。ただの個人的な意見にすぎない。

私も企画書を書けっていわれると、ものすごく悩んじゃいます。結局、訳がわからなくなって、自分の思いついたことをただ羅列しただけになっちゃって、何度も書き直しさせられたり……。

僕は仕事がら、たくさんの企画書を読む機会があるけど、**いい企画書というのは、論理がしっかりしていて、読んでいて企画の意図がはっきり伝わってくる。**それから、他者意識といってもいいけれど、客観的な視点による分析が必ず入っている。だから、説得力があるんだ。

たとえば、「ダイエット本」の企画書を出すとしよう。ダイエットは女性の関心が高いから、ダイエット本はいくつも出版されている。中にはベストセラーになる本もある。でも、すべてのダイエット本が売れているわけではない。売れなかった本も多いはずだ。

私もこれまで何冊も買っちゃいました。ちょっと試してみたくなるような方法が書かれていたりすると、つい買いたくなります。

そこで、今度は一読者じゃなくて、本をつくる側になって、そんなダイエット本の企画書を書くなら、どうするか考えてごらん。まず、どういう内容の本にするかはもちろん、これまでどんなダイエット本が出されていて、どんなものが売れたか、売れなかったのはどういった本なのか、そういったことまで分析する。

その上で、その企画の目新しさはどこにあるのか、売れなかった本との違いは、ターゲットはどんな人たちにするのか、販売戦略は、発売時期は……、こうしたことがきちんと検討され、提案されていなければ、「説得力」はないはずなんだ。
ダメな企画書っていうのは、ただ自分の意見が書いてあるだけ。それがたとえ素晴らしい意見だとしても、客観的な裏づけがなければ、他の人を説得することはできないよ。

つい、「これって、みんなわかるはずよね」って思っちゃうんですね。

「自分がわかるんだから、他の人もわかってくれるはず」とか「自分がいいと思うんだから、みんないいと思うに決まっている」というのでは、企画書は成立しない。他者意識を持って、わかってくれない相手にどう理解してもらうか、納得させるかという意識が必要なんだ。

う〜ん。むずかしいけど、何で自分の企画書がダメだったのか、わかったような気がします。でも、客観的な分析って、むずかしいですよね？

客観的な視点さえ持つことができれば、データを探したり、それを分析したりっていうのは、パソコンを使えば、そうむずかしくはないはずだ。ゆいちゃんの上司だって、すぐに完璧な企画書を書けるようになれとは求めていないはずだよ。思いつきを並べただけのようなものではなくて、客観的な分析がされていて、他の人に企画意図や、その狙いを理解させようとする内容であれば、「あっ成長したな」って思ってくれるはずだよ。

感情語と論理語

「若者言葉」って、よく問題になるよね。「ムカツク」とか「ウザイ」とか「ビミョー」とか。ゆいちゃんもたまに使ってないかい？

先生、私はもう社会人です。全然使わないわけじゃないけど、今はあまり使いません。でもまあ、高校生のときによく使ってましたけどね。「あの

コ、ウザイよね」とか、「あの先生、超ムカツイちゃう」とかって。……あれ、大学生になってても使ってたかな。

言葉には大きく分けて、**「感情語」**と**「論理語」**の二種類があるんだ。今の「ムカツク」や「ウザイ」は感情語だ。感情語というのは、他者意識がない言葉で、赤ちゃんが泣くのも、感情語といってもいい。もっと言えば、犬や猫が鳴くのも、感情語といえる。お腹が空《す》いたというのを訴えるために、泣いたり、鳴いたりするんだから、感情語だよね。

自分の不満や不快な気持ちをただ音にして表現して、それを誰かが察して、解決してくれるのを待つというのが感情語だ。そこには、他者意識は存在しない。自分の不快さを相手に説明しよう、理解してもらえるように伝えようという意識はないんだ。

赤ちゃんはお腹が空いていくら泣いても誰もミルクを与えてくれなければ、むずかるか泣き寝入りしてしまう。

若者は「ムカツク」「ウザイ」という感情語しか口に出さず、それが相手に伝わらず、不快さが解消されないと突然キレたり、引きこもってしまう。

何だか、赤ちゃんと同じみたい。

そう。この二つは、他者意識の欠如ということからいえば、まったく同じ次元なんだ。さっき、面接で自分のことをペラペラしゃべるだけの学生のことを話したけど、これも一緒かもしれない。相手がどう感じるかを考えずに、自分の優秀さをアピールするだけで、それが相手に評価されないとただ落ち込む。そこには、相手の立場を考え、理解してもらえるように伝えるという論理的な考えや、他者意識はないよね。

赤ちゃんと一緒だなんて、何だかショック。赤ちゃんのときから、進歩してないってこと？

そんなことは言ってないよ。人間は社会的動物だから、赤ちゃんは大人が話すのを聞いて、言葉を覚えていく。ミルクをもらえるまで泣き続けるよりも、「まんま」といったり「お腹空いた」と言った方が楽だからね。でも、それはやっぱり感情語なんだ。

では、先生、もう一つの論理語はどうすれば身につくんですか。

論理語というのは他者意識が前提になっていて、後天的で、学習や教育によって習得するものだ。だから、自分の感情や意見を相手に伝えたい、理解してもらおうという他者意識を持てさえすれば、身につけることができる。

ところが、「ムカツク」「ウザイ」と感情語しか使わず、それが伝わらず、理解されないとキレたり、引きこもっているだけでは、いつまで経《た》っても他者意識は育たず、論理語も身につかない。

愛撫の言語と闘争の言語

ゆいちゃん、英語を習い始めたとき、日本語と何が一番違うと感じたかな?

う〜ん……。何だろう? そう、言葉の順番ですかねぇ。主語とか述語とか、言葉のくる場所が違うから、それに戸惑ったかもしれません。

そう、語順が違う。もっと言うと、英語は肯定文か否定文か、あるいは疑問文かが文章の冒頭を聞いただけでわかる。What とか Why といった疑問詞や Yes や No は文章の頭にくるし、否定文を表わす not も主語のすぐ後にくる。

それに対して、日本語は文章の終わりまで読まないと、肯定文か否定文か、疑問文かわからない。「〜ではない」「〜ですか?」と否定の言葉や疑問詞が最後にくるからね。

この違いはなぜかというと、その言葉を使う民族の歴史や文化と、その中で育ってきた意識の違いからきている。

何だか、むずかしくなってきましたね……。

いや、全然むずかしくないよ。前にも話したけれど、英語に代表されるヨーロッパ語を使う人たちは、侵略、被侵略を繰り返してきた歴史があるから、「根本では理解し合えない」という相手に対する不信感があって、お互いの立場を明確にしないと関係が結べない。それで、言葉もまずは自分の立場をはっきりさせなければならない。だから、肯定しているのか、否定しているのか、質問しているのかが、すぐにわかる構造になっているんだ。

一方、日本は長い間、身分社会の中で、集団の秩序を何よりも重んじてきた。制度的にも、物理的にも、現在のように嫌になったら他所《よそ》にいけばいいという移動の自由はなかったから、集団の和を乱して、「村八分」にされたら、生きていけなかったんだ。

そのために、日本語は他の言語と比べて敬語や婉曲《えんきょく》などの表現も発達した。角が立たないように、すべてをはっきりさせるのではなく、曖昧なままにぼかしておくという特徴が生まれた。

敬語が発達したのも同じ流れなんですね。

そう、同じなんだ。日本語の構造が、肯定文か否定文か疑問文か語尾で決定されるのは、こうした集団の秩序を乱さない、すべてをはっきりさせず、曖昧なままにしておくために必要だからなんだ。語尾を濁らせれば、相手をはっきりと否定したことにはならないだろう？

ほんと、そう思います。

でも、だからといって、私たちはいつも言葉の最後まで聞かなければ、相手が否定しているのか、質問しているのかわからない訳ではないよね。多くの場合、相手の考えはわかっていて、最後まで聞いて確認する必要はない。肯定なのか否定なのか質問なのか、言葉のニュアンスやそれまでの会話で、もうわかっている。相手が最後の最後で、すべてをひっくり返すと疑わない信頼関係がそこにはある。日本語は相手への信頼関係が前提にあり、信頼できない相手、よそ者とは関係を持とうとしなかった。

それに対して、相手への不信感が前提にあり、信用できない相手とお互いの立場をはっきりさせて、理解し合うために発達してきたのが英語をはじめとするヨーロッパの言語なんだ。

それって日本語だけの特徴なのかしら？　それともアジア共通なんですか？

日本語の特徴といった方がいいかもしれないな。中国語は構造的に英語などとよく似ているんだ。中国も王朝が興亡を繰り返し、周辺民族との侵略、被侵略が絶えなかった。ゆいちゃんもよく知っているだろうけど、チンギス・ハーンが築いたモンゴル帝国は東ヨーロッパまで侵略したけど、中国では元という王朝を興して、日本にも攻めてきた。いわゆる「元寇《げんこう》」だよね。それに、明治になってから日本が戦争した清《しん》は、満州族が漢民族を征服して建てた王朝だしね。そういう歴史的背景があるから、やはり他者意識が確立しているんだろうね。

中国人はすぐに議論、口喧嘩を始めるといわれるけれど、中国語は「闘争の言語」といっていい。それは英語などのヨーロッパ言語にもいえる。**日本語は「愛《あい》撫《ぶ》の言語」**といえばいいかな。

日本人は議論下手といわれるけれど、それは言葉の性格もあるし、我々日本人が言語を闘争の武器とは考えていないからだ。

やっぱり日本語って、国際的にハンディがあるのかしら。

いや、そんなに引け目を感じる必要はないよ。日本語は外国人から世界でもっとも美しい言語の一つだといわれ、日本語の会話は意味がわからなくても、とても聞き心地がいいといわれる。

それは、日本語が愛撫の言語だからだ。そして、日本語は愛撫の言語として洗練されていく中で、『源氏物語』のような雅《みやび》な平安文化をつくり上げたんだからね。

だから、愛撫の言語である日本語を恥じる必要も否定する必要もない。

でも、グローバルな時代に、世界に向かって発言し、世界の人たちとコミュニケートすることができないのは問題だろう?

これからは**愛撫の言語にロジックという武器を兼ね備えることが大切**なんだよ。

第2章

「論理力」はこうして育てる

人は理解し合えない

論理力が大切なことはわかったんですけど、論理力を身につけるにはどうしたらいいんですか？

さっき、他者意識が大事だってことを話したよね。**論理は他者意識が前提なんだ。**他者意識が強ければ強いほど、論理力が自然に芽生え、育っていくといってもいい。

他者意識がどういうものか、もう一度説明すると、**たとえ親子であっても、別個の肉体を持ち、別個の体験をする限り、そう簡単にはわかり合えないという意識のこと**だ。

親子でもわかり合えないなんて、何だか寂しいです……。

でも、現実問題として、人間同士、そう簡単にわかり合えるもんじゃないよね。子どもが「親はわかってくれない」「先生はわかってくれない」って不満を言う。親は親で「子どもは親の気持ちをちっともわかってくれない」と嘆く。夫婦でも長年連れ添っていながら、お互いに相手のことを何もわかっていなかったと気づいて愕然《がくぜん》とすることがある。

だけど、これはある意味では当たり前のことで、人間としてはそれが自然なことかもしれないね。

お互いにわかり合えない。でも、何とかして相手とコミュニケーションを取って、理解し合いたい、いい関係を築きたい、そう人間が思ったとき、論理が生まれたといってもいいんじゃないかな。

他者意識がなければ、論理力は身につかないということですか？　他者意識がないとどうなっちゃうんだろ？

他者意識に欠けていると、論理が身につかないし、コミュニケーションもできない。本当の意味でのコミュニケーションというのは、お互いの立場や考えを理解し合った上に成り立つものだからね。

コミュニケーションを図ろう、コミュニケーションの輪を広げようといって、**一緒にお酒を飲んだり、肩を抱き合ったり、歌を歌ったりすることがあるけど、ああいうのは本当のコミュニケーションじゃない**。表面的にわかり合えていると錯覚しているだけといってもいい。

わかり合おうという気持ちがなければ、コミュニケーションは成り立たないのね。一方通行になっちゃうってことかしら。

その通り。学校で、学生が理解しているかどうかなんて気にもとめないで授業をしている教師がいるだろう？　結局、そういう教師は他者意識がないんだよ。だから、自分の授業は生徒に伝わっていると思い込んで、伝える努力、理解してもらうための工夫を怠っているんだ。それで、学生が理解しなかったり、成績が悪いと、わからない方が悪いと学生に責任を押しつける。ゆいちゃんも、そんな教師に覚えがあるんじゃないかな？

ええ、そんな先生いましたよ。「あの先生の授業は聞いても仕方がない」みたいにみんなが思っているような先生が。大学では、学生が聞いているかいないか、わかっているか否かは関係ない、みたいな教授もいたし。

うん。大学には学生を無視しているとしか思えないような、一方通行的な講義を繰り返している教授が少なくないよね。

こういう人たちは、みんな他者意識が希薄なんだ。生徒や学生にわかってもらおうという意識があれば、自分が話していることがきちんと伝わっているか、理解されているか気にするはずだ。もし、伝わっていないと感じたら、伝わるようにするにはどうしたらいいか考えるよ。

わざとむずかしい言葉を使ってるようなエラぶった先生もいました。

学術論文のようなむずかしい表現を使ったり、専門用語を羅列したりと、相手が理解できるかどうか関係なく、そんなことができるのは、他者意識が希薄だからに他ならないだろうね。普通なら、相手に自分のいいたいことをわかってもらおうというとき、相手の知らない言葉を並べたり、わかりにくい言い回しをしたりはしないだろうしね。

こういう他者意識の希薄な人は、会議のときやプライベートでも、相手に伝わっているかどうか考えずに、自分の言いたいことを一方的に話しているんじゃないかな。そんな人と一緒に仕事をすることになった人は大変だよ。

子どもの会話にも論理はある

「他者意識」ってとても大切なんですね。私も気をつけなくちゃ。でも先生、人間って何歳ぐらいのときから、「他者意識」とか「論理」って芽生えてくるのかしら？

生まれたばかりの頃はもちろんだけど、言葉を覚え始めの頃は、まだ他者意識は芽生えていない。赤ん坊にとって、世界は自分の目に映っているものがすべてだろうね。不満や不快なことがあったときには、泣いたり、ぐずったりすれば、親が解消してくれる。だから、他者意識は芽生えようがない。

他者意識が芽生え始めるのは、親や家族といった、自分の不満を察して、解消してくれる人間以外と接触するようになってからだ。幼稚園や保育園に通い始める頃じゃないかな。幼稚園には、自分の不満を察して解消してくれる親はいない。周りには、自分の不満を察してくれないで、精いっぱい自己主張している子どもばかりだ。そのとき、子どもにとって、他の幼稚園児は「他者」なんだ。初めて出会った他者なんだ。

なるほど。オモチャの取り合いっことかをして、「他者」を感じるのね。

幼稚園に通い始めると、知恵熱を出す子どもが結構いるらしいけど、初めての他者との出会いに戸惑い、どうしたらいいのかわからずに熱を出してしまうんだろうね。きっと子どもにとっては、世界が変わったような体験なんじゃないかな。

幼稚園に入ったばかりの頃、子どもたちはちょっとしたことで泣く。周りの子どもに自分が遊びたかったオモチャを取られたとか、何か気に入らないこと、不満があるとすぐに泣くらしい。それまでなら、泣けば親が不満を解消してくれていたからなんだろうけど、幼稚園からは泣いても誰も自分の不満を察してくれないし、解消してくれないことを子どもはだんだん学んでいく。

そうして子どもはだんだん泣かなくなっていく。最初は不満を抱いた相手をぶったり、叩いたりするかもしれない。でも、そのときに先生に叱られたりして、それでは不満が解決しないことも覚えていく。

そんな体験を何度も重ねて、他者である周りの子どもたちに自分の不満や感じていることを伝えよう、わかってもらおうとして、子どもなりではあるけれど、「論理」を身につけていくんだ。

いよいよ論理の芽生えですね。

その通り。幼稚園に通ってしばらくすると、子どもの物言いが生意気になったり、可愛げがなくなったと親が嘆くけど、それは子どもの中に他者意識が生まれ、論理が芽生えてきたからだといえるね。

そうそう。親戚の子どもがそうですよ。幼稚園に通うようになってから、久しぶりに会ったら、口ごたえはするし、理屈っぽいし、ビックリしたも

の。いつの間に、こんなに可愛くなくなっちゃったの？　って。

ゆいちゃんにもそういう時期があったんだよ。もちろん、私にもね。子どもに可愛げがなくなったと感じるのは、子どもが親のことを「他者」として意識するようになったからなんだ。親は何となく子どもが自分を他者として見始めたことを感じるから、寂しさを覚えるんだろう。それに、子どもは自分の欲求や気持ちを他人である親に何とか伝えようと、子どもなりに知恵を絞る。それが口ごたえしているように感じたり、変に理屈を言っているように思ったりするんじゃないかな。

親を「他者」と感じるようになると、子どもは、どういうふうに変わっていくんですか？

たとえば、欲しいオモチャがあったとしよう。

「ねえオモチャ、買って！」

「ダメよ。オモチャならたくさんあるでしょ」

母親にそう言われたら、他者意識が芽生える以前の子どもはタダをこねるか、泣くかしかない。それでもオモチャを買ってもらえなければ、泣き寝入りするしかなかったはずだ。ところが、他者意識が芽生え始めた子どもは違う。

「でも、そのオモチャ、××ちゃんも持ってるよ」

「そのオモチャ、△△先生がいいねって言ってたよ」

などと言って、何とか自分の気持ちを母親に伝えよう、わかってもらおうとする。親からすれば、言うことを聞かない、屁理屈を言ってると感じるかもしれないが、これは子どもなりの論理的思考なんだ。

この場合の、**「××ちゃんも……」というのは具体例、「先生が……」というのは発言の引用で、これらはどちらも立派な「論理」なんだよ。**

思春期は他者意識の成長期

ゆいちゃん、初恋は何歳のときだった？　小学生の頃、それとも中学生になってから？

えっ、いきなり何ですか？　う〜ん、幼稚園の頃に、同じ組の浩次君ってコに憧れてたかなあ。でも、はっきり相手のことを好きだって意識したのは、中学一年生のときだったと思います。同じクラスのスポーツが得意な男の子。懐かしいなぁ。あっ、先生ったら、何てこと言わせるんですか。レディーにいきなりこんな質問するなんて失礼ですよっ！

ごめんね（笑）。でもね、初恋は他者意識が育つ上で実はとても大きな役割を果たしているんだよ。

異性に関心を持ち、好きな相手ができれば、相手のことをよく知りたいと思う。

これは他者意識が芽生え、成長した証《あか》しともいえる。恋する相手は他者なんだからね。そして、自分の気持ちを相手に伝えたい、自分のことを相手にも知ってほしいという気持ちが生まれ、努力する。それには、論理が必要となってくるから、論理力を育てる絶好のチャンスになるんだ。

恋をすると頭が良くなるってことですか？

そう言ってもいいかもしれない。初恋は思春期を迎えた象徴ともいえる出来事だけど、思春期は反抗期でもある。自立心が芽生えて、それまで依存するだけの存在であった親のことを、客観的、批判的に見るようになってくる。男の子であれば、父親に社会を、母親に女を見て、批判し始める時期でもあるんだ。他者意識が育ったから、こうした見方、感情が芽生えるので、そういう意味では、反抗期は決してムダではないんだ。

自立心が芽生え、他者意識とともに自意識も芽生え、成長するこの時期は、自分の孤独と初めて向き合うときだといってもいい。それだけに、精神的に不安定で、多感だから、引きこもりや登校拒否、場合によっては自殺なども起きやすいから、周囲は注意しなければいけないんだ。

そう言われてみれば、中学生になった頃って、親に反発ばっかりしていたような気がする。親の言うこと、することすべてが気に入らなくて。後になって、何でだったんだろうって思ったけど、他者意識が育っていたからなんですね。それに、ニュースで子どもの自殺が伝えられるのって、確かに、小学校の高学年から中学生ぐらいが多いですよね。ちょうど思春期の頃だわ。

思春期というのは、確かにむずかしい時期ではあるんだ。子どもにとっても、親にとっても、それに教師を含めた周りの人にとってもね。だけど、**初恋も反抗期も人間の成長のために必要なもの**なんだよ。

みんなが初恋を経験したり、反抗期を迎える時期に、誰かを好きになることも、親に反発することもなかった子どもが、他者意識が芽生えず、育たないまま大人になってしまうと、人格的に問題のある人間になってしまう恐れがある。

ところで、ゆいちゃんは中学生や高校生のとき、読書はしたかな？

読むのは漫画ばっかりでした。あとはゲームかな。たまに映画やドラマの原作になった小説とかエッセイとかを読みましたけど。

思春期に本を読むことはとても大切なんだ。その時期になると、人は初恋の相手に自分の思いを伝えたい、親の言うことに反論したい、そう思うことで論理的思考力を身につけていく。そうして「論理語」を自分のものにしていくんだ。実は、そのときに**読書をすることで、論理語や抽象語、微妙で繊細な言葉遣いなど、論理的思考や表現に欠かせないものが吸収できる**。中学生や高校生が難解な純文学や哲学書などに興味を持つことも多い。「子どもがそんなもの読んでもわからないだろう」と思う大人もいるけれど、たとえ半分も理解できないとしても、そうした本を読んだり、それについて友達と議論することはとても大切だ。

そもそも、そういった本に興味を持つこと自体が、論理的思考を獲得したいという欲求の無意識の表れともいえるからね。

私も、本好きの友達にすすめられて高校一年のときにドストエフスキーの『罪と罰』に挑戦したのを覚えてます。途中で投げ出しちゃったけど。

でも、挑戦しただけでも大したものだよ。最近は本が読まれなくなってしまって、テレビやゲーム、マンガといった映像や音楽が溢れている。**残念なことに、そういったものでは論理語や論理力は身につかない**んだ。

映像というのは、脳髄を経過させずに物事をわかった気にさせる感覚的なものだ。しかも、**今は膨大な情報が満ち溢れていて、それを整理できずに、多くの人が流されてしまって対処できなくなってもいる**。自分の中で理解し、論理を構築するという大切な作業ができない状況にあるんだよ。

だから、**論理力を身につけ、育てていくには、何度も繰り返すけど、まず他者意識を強く持つことを自覚する必要がある**んだ。

自分を他人の立場に置き換えてみる

確かに、他人の目を気にするということはあっても、「理解し合うことができない他者」として誰かを見るっていうことはないですものね。上司や同僚でもわかってもらえるという甘えみたいなものがあるし、わかってもらえないとそれが不満だし。友達や家族だともっとそうですしね。

そうなんだ。「お互いにわかり合えない存在」という前提で友達や家族と接するなんていうと、「そんな寂しいこと」って言われてしまいそうだけど、他者意識をしっかり持つ、論理的思考を身につけるには、それが必要なんだ。

なぜなら、人間は基本的に主観でしかものを捉えることができないよね。たとえば、きれいな夕日を見ても、その美しさに心が和《なご》む人もいれば、明日も頑張ろうと元気づけられる人もいるし、寂しくなって涙をこぼす人だっている。何で同じ夕日を見ているのに、そんな違いがあるかといったら、それぞれの主観を通して、異なった風景として捉えているからだ。

音楽だってそうだ。同じ音楽を聴いても、ほのぼのする人も、癒される人も、悲しくなる人もいる。

同じものを見たり、聞いたりしても、感じ方がまったく違うということは、言い方を変えれば、私たちは同じものを見ることも、同じものを聞くこともできないともいえる。そのことをまず自覚する必要がある。

それってすごくわかる気がします！　彼氏と映画に行っても、思ってもいなかった感想を言われて驚いたり。

波長が合うと思ってる彼氏の場合だってそうだろう？　**そもそも、男性は男性**

の主観で、女性は女性の主観でものを見て、世界を捉えている。しかも、それぞれが自分は正しいと信じている。だけど、そこには何の根拠もないんだ。

ある時期から、企業が女性社員の意見や発想を積極的に取り入れることで、これまでなかった企画や商品開発が可能になったと話題になったことがあったけど、これは日本の企業が長い間、**「男性の主観」**による思考や発想しかしてこなかったと自《みずか》ら告白したようなものだよ。

中間管理職が、「最近の若い連中は……」と文句を言い、その部下たちが「部長や課長はわかってくれない」と嘆くのも、**管理職は管理職の主観でしか、部下は部下の主観でしかものを見たり、捉えていないから**だ。

他人同士がわかり合うのって、本当に大変なんですね。

同じものでも視点を変えれば、まったく別な形に見えるんだ。たとえば、十円玉はどんな形をしていると質問されたら、ほとんどの人が「丸い」と答えるんじゃないかな。でも、それは真上から見たときの十円玉の形であって、斜めから見たり、真横から見たら、丸くは見えないはずだ。真横から十円玉を見ると、細長い長方形に見えるだろう？

えっ？　ちょっと待ってください。今試してみる……。あっ、本当だ。真横から見ると細長いわ。それに斜めから見たら、楕円形みたい。十円玉は丸いって思い込んでいたけど、見る角度によっていろいろな形に見えるんだ！

多くの人が他人も自分と同じ視点、主観でものを見て、考えていると思い込んでいる。でも、そんなことはなくて、他の人は自分とはまったく違う視点でそのものを見ていたりする。これは日常の中でも、**他の人はどんな角度から見ているんだろうと考えてみる必要がある場面がたくさんある**ということなんだよ。

他の人の視点で物事を見ることが大切なんですね。

そうなんだ。さっき面接の話をしたけれど、自分がどれだけ優秀か語り続ける自分を面接官はどう見ているか、自分を面接官の立場に置いて考えてみるといい。目の前で自分のことばかり話している学生と自分は一緒に仕事をしたいとは思わないよね。

企画書でもこれは同じこと。**自分が何をしたいかではなく、上司はどんなものを求めているのか、あるいは、クライアントは何を欲しがっているのか、上司やクライアントの立場になって考えてみること**だよ。そうやって考えた企画書なら、何のコメントも感想もなく、無言で突き返されるなんていうことはないと思うよ。

私も自分のスタッフが書いた企画書を読む機会が多々あるけれど、ダメな企画書というのは自分の意見や考えしか書いていないし、私が何を求めているかなど、まったく考えていないものだしね。

ちょっぴり耳が痛いです。企画書を書くとき、ついつい自分ならばと考えてばかりいました。上司がどんなものを求めているかなんて、考えたことがなかったわ……。

最初から上司の立場で考えられる社員なんていないから、心配しなくても大丈夫だよ。でも、もうゆいちゃんはいい企画書が書けるようになるんじゃないかな。

管理職にしても一緒で、**部下に不満を持つばかりではなくて、部下たちは何をしたがっているか、自分たち管理職に何を求めているのかを考えてみなければいけない。**

なぜならば、管理職だって若手のときには、上司に対して不平不満を持っていたんだろうしね。でも、若手のときに自分の主観でしかものを考えずに不平ばかり言っていた人は、管理職になってもそのときの自分の立場からしかものを見られないのかもしれないけれど。

先生、これって男女の関係でもいえそうですね。

さすが、恋愛経験の豊富なゆいちゃんだね、その通りだ！

恋愛経験豊富は余計です！

あぁ、失礼（笑）。よく、男は女のことはわからない、女は男のことがわからないというよね。確かにそうなのかもしれない。でも、男だって「女の人ならどう感じるだろう。何が欲しいと思うだろうか」と考えることはできるよね。そう考えることが大事なんだ。自分ではわからなくても、恋愛に限らず、女性社員や奥さん、あるいは娘さんに意見を求めることはできるはずだ。女性もこれは同じことで、自分では男性が何を求めているのかわからなくても、身近な男性に聞いてみればいいんだから。

男の立場や女の立場、つまり一方的にしかものを見ず、考えないから、発想に限界ができてしまう。他の人はどう考えるだろう、立場の違う人はどう感じるのか、一度立ち止まって、そう考えてみることが大切なんだ。

他人への理解がコミュニケーションの基本

大学生が就職して、社会に出たときに、一番戸惑うのが、自分とは年齢も人生経験も考え方も違う人たちとコミュニケーションを取り、うまくやっていかなくてはいけないということなんだ。

そうなんですよね。大学のときは、仲のいい友達はもちろんだけど、ゼミの人たちとかサークルの仲間とか、話をしていても「あれ？」って思うっていうか、噛み合わないなっていう経験はしたことなかったんですが、会社だと、相手が上司でなくとも、なぜか話がうまく通じないことがよくあります。年齢が

あまり離れていない人でも、そういうことがあるから、何でかなって、悩んじゃったこともあるのですが……。

大学のときは、周囲にいる人間たちは年齢も近いし、人生経験もそう大きな違いのない人間が多いから、コミュニケーションで苦労することは少ないよね。もし、自分と価値観や考え方が大きく違う人間がいたとしても、その相手とはつき合わなくてもいいわけだし、「変わり者」「変なヤツ」で済ませてしまうこともできる。

ところが、会社に入ってみると、自分の周りにいるのは、年齢も立場も好みも価値観も異なる人ばかりといってもいい。それも一人ひとりみな異なっている。そんな人たちと朝から晩まで、毎日、うまくやっていかなければいけないのだから、ほとんどの人が戸惑うし、悩んでしまって当然だ。

「五月病」ってよくいうよね。学生から社会人になった環境の変化によって精神的に不安定になるといわれるものだけど、周囲の人との関係の築き方が学生時代とまったく違うことに参ってしまうのが、一番の原因なんじゃないかな。
ゆいちゃんは「五月病」にはなったの？

「五月病」っていうほど重症ではなかったけれど、やっぱり悩んでいましたね。最初の一カ月ぐらいは無我夢中だからよかったんです。でも、二カ月目、三カ月目あたりがキツかったかな。原因は先生が言ったように対人関係です。仕事は初めてのことだらけで、すいすいできるはずがないし、わからないことばかりだから、悩む余地もないっていうか。

職場の人って、休みの日以外はずっと一緒じゃないですか。そんなことって、学生時代はなかったから。どうしたら自分のことをわかってもらえるか、ちゃんと話ができるようになるかって、いつも考えてて、胃が痛くなるようなときもありました。「何で、こんなことで怒られなきゃいけないの？」っていうようなことも結構あったし……。

人間は、**基本的に自分の主観で、物事や人間を捉えている**んだ。ゆいちゃんの今の例でいえば、ゆいちゃんはゆいちゃんの主観でその人を捉えている。そして、相手であるその人もその人の主観でゆいちゃんを捉えている。性別、年齢、経験、立場、価値観など、さまざまなものが異なる人間同士が、お互いにそれぞれの主観でしか相手を捉えようとしなければ、相手の言動を理解できないし、コミュニケーションは取れない。

だけど、**忘れてはいけないのは、人間は理由もなしに何かをしたり、言ったりすることは、そうそうは起きない**ということだ。自分にとって理解できない、あるいは嫌だと思った言動も、相手にはそれなりの理由があったからなんだ。

さっき、ゆいちゃんは「何で、こんなことで怒られなきゃいけないの?」って思ったって言ったけど、**相手の人には怒るだけの理由があった**んだよ。その人の立場、考え方からしたら、ゆいちゃんの言動のどこかに怒りたくなる何かを感じる部分があったんだろうね。

う〜ん……、そうか。これまで、そういうふうに考えたこと、なかったです。でも、どうして怒られたのかわからないのは嫌ですよ。それに、理由がわからなければ、反省のしようもないし。

自分の主観でのものの捉え方から転換すればいいんだよ。自分の主観に縛られ続けていると、そのうち、相手の存在自体を受けつけられなくなることにもなりかねない。学生だったらそれでも良かったかもしれないけれど、会社では、それではやっていけないだろう?

はい。イヤな上司は受けつけない、無視しちゃえ、というわけにはいかないです。

当然そうだよね。そこで、相手は自分をどう見ているのか、相手の主観から捉え直してみるといい。もちろん、年齢も経験も価値観も違えば、完全に相手の主観に立つことはできないよ。でも、そうすることによって、自分が理解できない、受け入れられないと思っていた相手の言動も「なるほど！」と思えてくることが多い。

仕事ができる人間というのは、相手の立場からものを見られる人間だといってもいい。よく言われることだけど、成績のいいビジネスパーソンというのは、製品のことをよく知っていて、売り込むことが上手な人間ではなくて、**相手はどんなものが必要か、相手にとって一番メリットがあるものは何かを考えて、提案できる人**なんだ。

そうなんですか!?　立て板に水みたいに、次々に自己主張ができる人が優秀なビジネスパーソンだとばかり思ってました。

そうじゃないんだよ。むしろそんな人間は敬遠される。私も会議などでイライラさせられることがある。どんなときかというと、報告してくる内容がまったく私が求めているものとは違い、それなのに、報告している人間はそれをすごく価値のあるものだと思い込んでいる、なんていう場合だ。

つまり、その報告者は自分の主観でしかものを見ていないし、判断していないんだ。少しでも、報告する相手である私や他の出席者の視点や立場に立って考えることができれば、そんな報告はしないはずだと思うと、とてもイライラしてしまう。

なぜかというと、その報告者は私や他の出席者の時間を浪費しているからだ。その報告に三〇分かかったとすると、浪費された時間は三〇分じゃない。三〇分×出席者数が浪費されたことになる。一〇人がその報告を聞かされたとすれば、三〇〇分が浪費されたことになるんだ。

そんなとき、先生はどんなふうに注意するんですか？

僕はその報告を途中でやめさせたり、頭ごなしに怒ったり、イライラしている様子を見せたりはしない。そんなことをしたら、その本人はもちろん、他の人たちも萎縮してしまって、思ったことを口にしなくなってしまうからね。

でも、**仕事ができる人間、できるようになる人間は、こちらが何かを言わなくてもわかる。**自分の報告に対する周りの反応で、それが意味のあるものだったのか、そうではなかったのかにすぐに気づくものだし、何でダメだったのかも考えて、わかるようになっていく。相手の視点でものを捉えて、相手の求めるものを考えられるようになっていくものなんだ。

論理の基本は三つの規則——その①イコールの関係

じゃあ、これから論理的に物事を考える上での基本テクニックを具体的に説明していこう。

それは**三つの規則**だ。この三つの規則にしたがって言葉を使えば、論理的な思考ができるようになる。

えっ、たった三つ？　三つの規則がわかれば、論理的に考えられるようになるんですか？

そう！　ゆいちゃんもそうだけど、論理というとすごくむずかしいと思い込んでしまっている人も多い。だけど、前にも言ったように、子どもの会話の中にも論理はあるんだ。別に難解な学術論文を書いたり、読んだりしようという話じゃない。日常生活や仕事の上で必要な論理力とは、そんなに複雑でも難解なものでもない。実際、知らないうちに私たちは日頃の会話や思考の中で、論理を使っている。それを意識的により多くの状況で、効果的に使えるようになればいいんだよ。

ゆいちゃんは大学受験で現代国語や英語で長文読解の勉強をしただろう？　それに、大学時代にはいろいろな教科でレポートを書いたはずだ。それを書いたり、読んだりするときには、実は「論理」を使っていたんだよ。それの延長線上で、少しだけレベルを上げると考えればいいんだ。

そう言われると、ちょっと安心しました。「論理の基本」なんていうと、すごくむずかしいんじゃないかと思って、心配しちゃいました。

論理の基本その①は、**「イコールの関係」**だ。

たとえば、僕、僕の息子、ゆいちゃんのお父さん、この三人は「男」という言葉でひとくくりにできる。言い方を変えれば、三人の共通点を抜き取ると「男」になるわけだ。これは、論理的な用語でいうと、「抽象化」になる。三人の具体的な人間から「男」という一般的な概念を生み出したことになる。逆に、「男」という一般的な概念から、さっきの三人を引き出せば、それは「具体化」になるわけだ。

論理的思考法としては、具体的なものから一般的なものを求めることを「帰納《きのう》法」、一般から具体を求める思考法を「演繹《えんえき》法」というよ。帰納法とか演繹法と聞くと、難解な感じがするけれど、実際にやっていることはわかりやすいだろう？

論理的思考法――抽象化

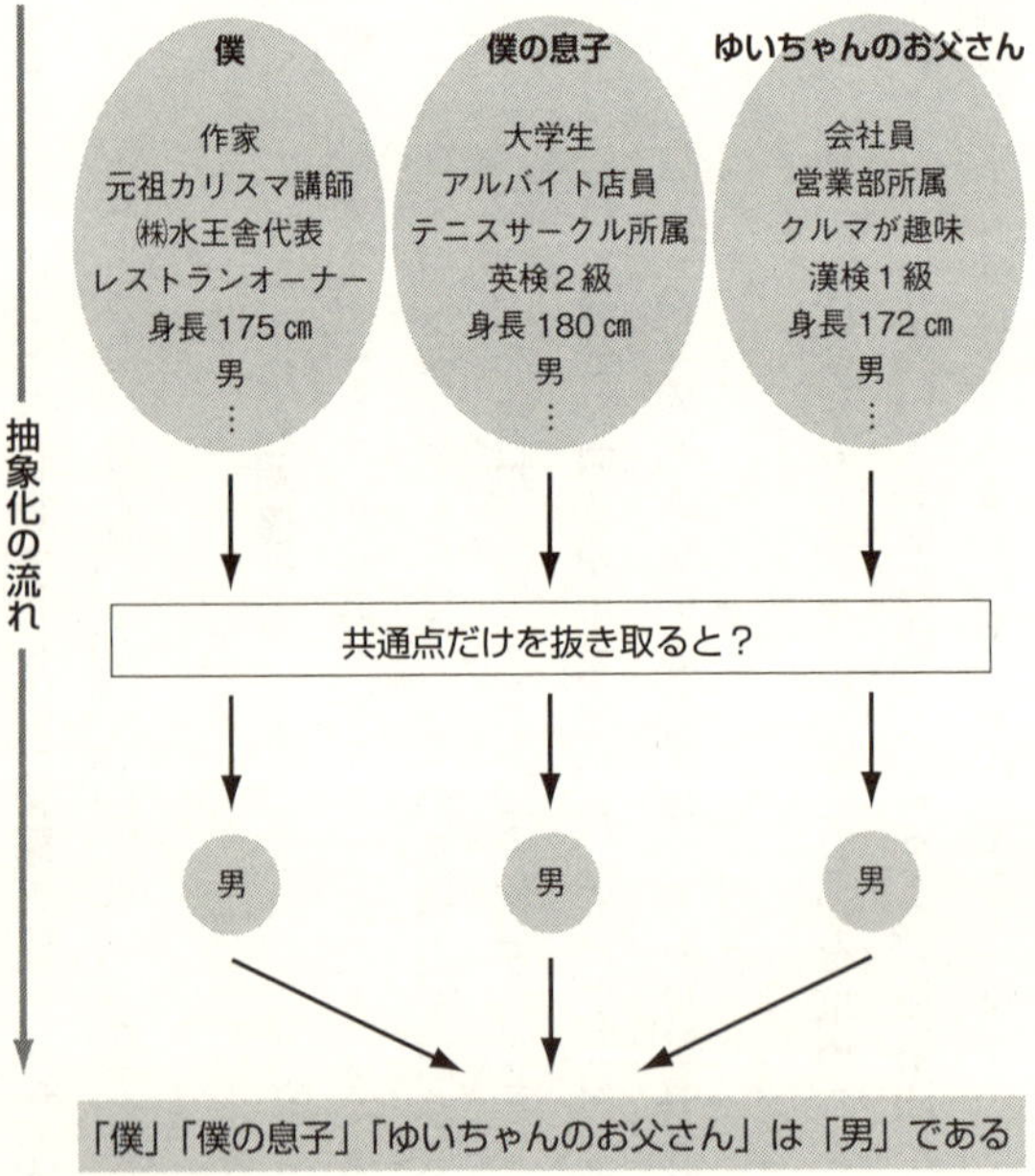
抽象化の流れ
僕
作家
元祖カリスマ講師
㈱水王舎代表
レストランオーナー
身長 175 ㎝
男
僕の息子
大学生
アルバイト店員
テニスサークル所属
英検２級
身長 180 ㎝
男
ゆいちゃんのお父さん
会社員
営業部所属
クルマが趣味
漢検１級
身長 172 ㎝
男
共通点だけを抜き取ると？
男
男
男
「僕」「僕の息子」「ゆいちゃんのお父さん」は「男」である

はい。さっき先生があげた例を聞いて、これならわかりやすそう。

それから、この「イコールの関係」は、さまざまな文章で頻繁に出てくる。それを見抜くことができれば、文章がずっと理解しやすくなるし、応用することで、さらにわかりやすく、説得力のある文章を書くこともできる。

それって、論文みたいなむずかしい文章じゃなくてもでしょうか？　たとえば、エッセイとかコラムみたいな、私たちがよく目にする文章でも「イコールの関係」が出てくるってことですか？

そうさ。エッセイやコラムはもちろんだし、ゆいちゃんが大学時代に書いたレポートでも気づかないうちに「イコールの関係」を使っていたんじゃないかな。企画書にだって、使われているはずだよ。

えっ？　大学時代のレポートでも、ですか？

そうだよ。たとえば、エッセイ・随筆やコラムでは、引用がよく使われる。筆者が自分の考えと同じことが示されている文章を引用したり、具体的な事例をあげたりすることはよくあるよね。これらはすべて「イコールの関係」になる。

A（自分の主張）＝A′（具体例・エピソード・引用）

このように、図式にしてみると、わかりやすいだろう？

たとえば、ゆいちゃんも大学のレポートを書くときに、自分の考えをまず書いて、それから有名な研究者がこう言っているとか、過去にこうした例があったとか、その自分の考えが正しいことを証明、補強するための引用をしたり、具体例を並べたりしたんじゃないかな？　これはみんな「イコールの関係」で、そういった関係で成り立っているのが論理的な文章ということになる。

企画書だって、自分の意見を述べて、それから自社あるいは他社の似たような企画の事例をあげたりすることがあるだろう？　それも「イコールの関係」だ。

なるほど、そうなんですね……。今まで論理的に文章を書いたことなんてないと思っていたけれど、意識しないで書いていたかもしれないんですね。それをきちんと意識的に考えて、書けるようにするだけなんですね。

論理の基本は三つの規則——その②対立関係

そうだね。簡単でしょう？　さて論理の基本の二つ目は**「対立関係」**だ。「男と女」「天と地」「喜びと悲しみ」「熱いと冷たい」、これらは対《つい》となる言葉として考えられる。つまり、そこには「対立関係」という論理があるわけだ。

この「対立関係」も文章ではよく使われる。企画書などではしばしば出てくるんじゃないかな。自分が立案した企画が優れていることを立証するために、過去の事例との違いを指摘する「差別化」というやり方は、企画書ではよく使われる。これも「対立関係」といっていい。

あっ、そうかぁ！　上司や先輩の企画書を読ませてもらうと、そういう書き方をしていることがあります。それを読むと、「なるほど、この企画はここが違うのか、こんな点がいいのか」って、わかりやすくて、説得力があるように感じるけど、それも論理的な文章なんですね。

そう。**よく見るのは、対立するもの、あるいは対比するものをあげて、自分の考え方を際立たせるという方法**だ。

たとえば、日本の良い点、または良くない点を指摘するときに、アメリカやヨーロッパなどの他の国と比べて語るという方法だ。「対立関係」を用いることで、筆者の考えがより明確になり、論証される。現代のことを語るときに、過去と比べるのもまったく同じやり方だよ。

論理の基本は三つの規則――その③理由づけ・因果関係

三つ目の規則は、**「理由づけ」**と**「因果関係」**だ。文章を書くときには、ある主張をしたら、その証拠として具体例をあげる。それがさっきの「イコールの関係」だ。そして、その具体例がなぜ証拠となるのか、あるいは、それらの具体例からなぜ筆者の主張が導き出されるのか、理由づけをすることで、筆者の主張はより説得力を増すことになるんだ。

う〜ん、だんだんむずかしくなってきましたね。「イコールの関係」や「対立関係」は、私にもできそうだけど、今度の「理由づけ」はわかりづらいんじゃないかな。悩んじゃいそうです。

そんなに心配することはないよ。文章の構成がわかれば、どれが主張か、具体例か、理由づけかはすんなりと見えてくるはずだ。それに、いい文章というのは、読みやすいし、わかりやすい。だから、どこに主張があるのか、理由づけがあるのか分からなくて混乱するなんていうことはないものなんだ。

理由づけのある文章は、**まず筆者の主張が語られ、それから具体例があげられて、そのあとに理由づけがされる、という構成になっている。**だから、それを頭に入れて読んでいけば、そんなにむずかしいことはないはずだよ。

自分で文章を書く場合も、**こうした構成を考えて、読む人がわかりやすいように心がけるようにすれば、読みやすくて、わかりやすく、説得力のある文章が書ける**ようになる。

へえ、そういう流れがあるということなら、そんなにむずかしくなさそう。安心しました。先生、この理由づけのある文章って、企画書で使うといいんじゃないんですか？　すごく説得力が出て、上司にも「よしっ！」って納得し

てもらえそうです。

その通り！　企画書などにはすごく有効な論理的構成だね。書く場合だけじゃなくて、会議で報告や提案をするときにも、自分の主張、具体例の提示、理由づけという流れがあると、聞いている人間が理解しやすくて、説得力のあるものになる。

もう一つ、同じように論理をよりしっかりとさせるのが「因果関係」だ。「理由づけ」が「A↑（なぜなら）B」という形なのに対して、「因果関係」は「A↓（だから）B」という形なんだ。

「因果関係」か……。ふだんあまり使わない言葉だから、先生、ゆっくり説明してください。

言い換えると、「理由づけ」は、まず主張があって、そのあとに具体例がきて、

論理の基本——三つの規則

その① イコールの関係

A（自分の主張・結論）＝A′（具体例・エピソード・引用）

※自分の主張を具体例によって証明、補強する

その② 対立関係

A（自分の主張）⇔B（自分の主張と対立する主張）

※対立する考え方を持ち出して、自分の主張を差別化し、際立たせる

その③ 理由づけ・因果関係

理由づけ

A（結論）←〈なぜなら〉B（理由・具体例）

※まず自分の結論・主張を述べ、そのあとに理由づけをする

因果関係

A（前提・具体例）→〈だから〉B（結論）

※まず具体例をあげ、そこから考えられる結論を導く

最後に理由づけが置かれるけれど、**「因果関係」は、最初に具体例があげられ、そこから考えられる共通性が導き出される。**

これは前に話した抽象化・一般化と同じだね。そして、「だからこうした結論が導き出されます」という具合に、最後に主張を持ってくる。

文章を読んだとき、最初に具体例があげられていたら、これは「因果関係」を使った文章だと予想して読み進めていけば、混乱しないで最後の主張まで読み取っていくことができるはずだ。

ふ〜ん、「因果関係」って、意外にわかりやすいかも。論理的な文章にもこれら二つの方法があるっていうことですね。でも、どっちの方が書いたり、話したりしやすいんだろう？　何となく、「因果関係」の方がやりやすい気がするかな。具体例があって、それから結論っていうか主張がくる方が自然にできる感じがしますけど。

日本人は「因果関係」の方が好きかな。だから、**日本人が書いた文章だと「因果関係」の構成になっている場合が多い。最後に主張を持ってくるっていうやり方だね。**会議でも、具体例をあげて、そこからこういうことが考えられるということを述べて、最後に「だから、こういうことが言えます」と主張を持ってくるという話が多いはずだよ。

日本人も最初に主張を持ってきて、その後に具体例をあげて、という書き方や話し方をすることもある。だけど、具体例をいくつかあげたら、それで十分わかってもらえるだろうと考えて、理由づけを省いてしまうことが多いんだ。

それに対して、欧米人は具体例がなぜ主張の証拠になるのか、しっかりと理由づけする。英語の文章を読むときには、このことを頭に入れておくと、理解しやすくなるはずだ。

第3章

なぜ「読む」ことで「論理力」がアップするのか？

「読む力」を鍛えれば「論理力」がアップする

論理の基本となる三つの規則がわかったら、次のステップは、論理力を身につけ、習熟していくことになる。論理力を育て、論理的思考をしていく上では、「読む力」「聞く力」「話す力」「考える力」「書く力」の五つがとても大切になるんだけど、この五つのうち、どの力を最初に意識的に鍛えるようにしたらいいだろう？　ゆいちゃんはどれだと思う？

うーん、どれだろう。みんな大切ですよね……。そうだなあ、やっぱり「考える力」かな。だって、論理的に考えることができなければ、論理的に話すことも書くこともできないもの。

お見事！　と言いたいところだけど、惜しかったね。**正解は「読む力」だよ。**

ゆいちゃんの言う通り、「考える力」はとても大切だ。論理的思考ができることが、すべてのベースになるからね。だけど、論理力を身につけ、育てるために、いきなり「考える力」を鍛えるのはちょっとむずかしいんだ。

論理力というのは、一定の規則にしたがった言葉の使い方といっていい。だからまず、論理を意識しながら文章を読むことによって、論理力を身につけていくのが一番の近道だと僕は思っているんだ。論理的に書かれた文章を、その論理構造やレトリックを読み解きながら理解する、それを繰り返していけばその過程で、論理力は自然に身につき、習熟される。

読むことで論理力が鍛えられるなら、私にもすぐできそう。

そうなんだ。何度も言うけど、論理力を鍛えることは少しもむずかしいことじゃない。それに、論理力は一度身についてしまえば、もう忘れることはないし、意識しなくても使えるようになる。

たとえば、小さな子どもが一度お箸《はし》の持ち方、使い方を覚えてしまえば、後は意識しなくても上手にお箸を使ってご飯を食べるだろう？　それと一緒だよ。自転車に乗ることとも似ているね。最初は転んだり、うまく走れなかったり、苦労するけれど、一度乗れるようになってしまえば、後は当たり前のように自転車に乗れるようになる。

論理力も同じだ。一度、身についてしまえば、後は意識しないうちに論理的に考え、話し、書けるようになるものなんだ。そうなったら、**論理力は「一生の武器」になってくれる。**

論理力が育てば理解力も育つ

でも、論理的に書かれた文章って、むずかしいんじゃないですか？　あんまりむずかしい文章だと、読んでいても何が書かれているかわからないし、イヤになっちゃいそう……。勉強っていうか、何かを身につけるために、読むこ

とが大切だっていうのはわかりますけど。

外国語を覚えるときもそうだけど、単語やちょっとした言い回しを覚えたいなら、いろいろな人とたくさん会話することが一番だ。でも、きちんとした文法を身につけようと思ったら、読むこと、それから書くことが大事になる。「話し言葉」と「書き言葉」ってよくいわれるけれど、話すときは文法がきちんとしていなくても言いたいことは通じるし、身振りや手振り、表情などでわかってしまうことだってある。

ゆいちゃんと友達との会話を思い出してごらん。主語のない文章、述語のはっきりしない文章が当たり前のように飛び交っているはずだよ。中には、主語も述語もない文章が交わされることもあるけど、それでも当人同士はわかってしまうのが会話の特徴なんだ。

そうですね。「最近、どう？」「超大変、忙しいし……」こんな会話を結構フツーに交わしてると思います。

そうだろう。他人が聞いたら、一体何のことを話しているのかわからないけど、当人たちは仕事のことを話しているってわかり合っているケースは多々ある。これは会話の素晴らしいところだけど、論理力を身につけるのには役に立たない。やはり、**論理的に書かれた文章、それも、多くの人に読まれる前提で活字になった文章を読むことが論理力を身につけ、育てるには不可欠**なんだ。

確かに、普通に話すときって、文法とかも考えないですものね。そうすると、やっぱりきちんとした文章をたくさん読まなくちゃいけないのかぁ。大変そうだな。

心配いらないよ。論理力を身につけるための教材となってくれる文章というのは、何も難解で、長大な学術論文というわけじゃないから。論理的にしっかりと、簡潔にわかりやすく書かれた短い文章が一番適している。つまりそれは**誰にでも読めるような文章**なんだ。

それに、論理力が身についていくうちに、理解力も育っていく。少し前にも言ったけれど、論理というのは、一定の規則にしたがった言葉の使い方だ。**論理的な文章というのは、その規則にしたがって書かれているのだから、基本さえ身につけば、論理的な文章ほど読みやすいし、理解しやすいものはない**といえるよ。

なるほど。ちょっと安心しました。

さっき、会話では文法を無視した、単語を並べただけの言葉でも通じ合ってしまうことがあるって話をしたけれど、文章を読むときはどうだろう？　文法をまったく無視して、主語も述語もわからない文章は読みづらいんじゃないかな？

一見、むずかしそうに見えても、文法がしっかりした文章の方が、何が主語で、述語がどれで、修飾語は、といった具合に言葉の関係性がはっきりとしていて、読みやすいし、わかりやすいはずだ。

そう言われれば、そうかもしれないですね。主語も述語もわからないような文章だと、何が言いたいのか、何について書かれているのかもわからなくて、混乱しそう。友達からのメールでも、あまり言葉が省略してあると、「えっ、何のこと？」って思っちゃうときがありますしね。

論理もそれと一緒さ。論理的に書かれた文章は、当然文法だってしっかりしているから、主語と述語、修飾語と被修飾語の関係はすぐにわかるし、文と文との論理的な関係、「順接」、「逆接」、「イコール」といった関係も、接続語や指示語を見ればすぐわかる。

前に説明した論理の三つの基本「イコールの関係」「対立関係」「理由づけ・因果関係」をそれらから読み解いていくことで、筆者の主張が明確にわかり、理解できるようになる。

論理力アップの最強テキストとは？

先生、論理力を身につけるために読むのに適している文章って、どういうものなんですか？　論理的に書かれた簡潔でわかりやすい文章って、さっき先生は言ってましたけど、そういう文章って、ありそうなんだけど、すぐに思い浮かばないっていうか。そういう文章が集まった本とかあるんですか？

本を探す必要はないよ。**一番の教材は新聞だ。**新聞を読まない人がとくに若い人には増えているようだけれど、最近は、インターネットでニュースを読むこともできるから、論理力を身につけようと思ったら、毎日、新聞を読むことを習慣づけることだね。

新聞にはいろいろな文章が載ってますよね。記事もあれば、作家や文化人のエッセイもあるし、社説もあるし……。どれを読むのがいいのかしら？

いわゆるニュース記事というのは、事実が書かれているものだから、論理力のテキストとしてはあまり向いていない。大学教授などの専門家、研究者が寄稿した文章も初めはちょっとハードルが高い。

まず、**毎日読むべきは、「コラム欄」だ**。新聞の第一面に、毎日載っている短いコラムがあるだろう。朝日新聞は「天声人語」、読売新聞は「編集手帳」、毎日新聞なら「余録」、日本経済新聞は「春秋」というタイトルがついている。

このコラムは、そのときどきの話題やニュースなどを題材に、ベテランの記者や論説委員が独自の視点から執筆しているのが特徴なんだ。**短い文章だから、簡潔にわかりやすく、しかも、論理的にしっかりした文章だから、論理力のテキストとしてこんなに適した文章はないといってもいい**くらいだ。

なるほど。確か、高校生の頃に、現代国語の先生から、「天声人語」は毎日読みなさいって言われました。あの頃は、何も考えずに読んでたから、わかったようなわからなかったような……。それから、「社説」も読むようにって言われたんだけど、名前からしてむずかしそうだし、つい敬遠しちゃって、あまり読んだことなかったです。

「社説」はむずかしいというイメージを持たれがちなんだけど、読んでみるとけっしてそんなことはないことがわかるはずだ。「社説」という名前からわかるとおり、ある事件や出来事に対するその新聞社の考え方や意見、立場を述べたものだけれど、それを読者にわかってもらうために、難解な用語は使用していないし、文章は簡潔だし、構成もしっかりしている。だから、読んでみると意外に読みやすいし、わかりやすい。ある意味で、**「社説」と一面のコラムはその新聞社の意見や代表的な考え方を伝える〝ペア〟といってもいい。**

この二つを手はじめに、毎日必ず目を通すようにしてごらん。一つひとつの文章は短いから、朝、コーヒーを飲みながらでも、通勤の時間にでも、休憩の合間でも読むことができるはずだ。

かなり、オヤジっぽいけど、がんばります！

……オヤジっぽいは余計だけど、「社説」や一面コラムを読み慣れてきたら、記者の署名記事や学者や研究者の評論など、もう少し長い文章に挑戦するといいだろう。新聞の紙面を一面から社会面まで順に目を通していくと、論理力を習熟するのにぴったりな文章がいくつも載っていることに気づくはずだよ。朝刊だけでなく、夕刊にもさまざまなテーマの評論が載っていて、これらは論理力のトレーニングにもってこいだ。

それらを順に読んでいくうちに、自然に論理力が身についてきて、初めはよくわからなかった評論記事なども理解できるようになっていく。そして、**「論理」を意識して新聞を読む習慣がつけば、論理的思考はどんどん自分のものになって**

いくはずだよ。

何を意識して読めばいい？

新聞って、よほど関心のある記事以外、じっくり読むことなんてなかったです。学生時代はほとんど読まなかったし。今は、社会人になったんで、世の中の動きとか経済のこととか、少しは知っていないといけないから、目を通してはいますけど……。

そういう人は結構いるよね。ほとんど読まないとか、見るのはスポーツ面とテレビ欄だけとか。でも、それじゃあもったいないよ。新聞は論理的な文章の宝庫なんだから。

しかも、たいていの新聞は朝夕刊取ってもひと月四〇〇〇円しない。自分が取っていない新聞も、会社員なら勤務先にあるだろうし、学生は図書館に行けば置いてある。それを活用すれば、毎日、最高の論理的思考のトレーニングができるよ。

新聞を読んでいく上でのポイントを教えてください。ただ読むだけだと、これまでと一緒で、よく理解できないで終わっちゃいそうですから。ここに注意しながら読むといい、みたいなところがあるんですよね？

コラム欄にはほとんどないけれど、「社説」や署名記事、専門家が寄稿した評論など、見出しや小見出しがある文章は、まずそれに注目する。**見出しというのは、その文章の「話題」だ。**

次に、その「話題」に対する「筆者の主張」を読み取るんだ。新聞の評論やコラム、「社説」などには、必ず主張や意見が書かれているから、筆者の主張は何かを捉えることが最初のポイントになる。

次のポイントは、論理的構造を読み取ることだ。**論理的な文章では、筆者は自**

分の主張に対して、必ず筋道を立てて説明している。具体例をあげたり、理由づけをしたりして、自分の主張の正しさを証明しようとしている。

その文章がどんな論理的構造によって組み立てられているか、筆者の主張に対して、どの部分が具体例か、理由づけはどこでどうなされているのか、そういったことを意識して読んでいくんだ。

新聞を読むときはまず見出し、次に論理的構造を読み取る……。

このとき、前に説明した論理の三つの規則を思い出してほしい。筆者の主張がどこにあり、「イコールの関係」の具体例があげられているのか、それとも「対立関係」の事例が書かれているのかを読み取っていく。さらに、それらの具体例を使って「理由づけ」をしてあるのか、それとも具体例から「因果関係」として主張を導き出しているのかを見抜くわけだ。

論理的な文章というのは、論証の仕方が生命線といっていい。たとえば、画期的な治療法を発表した医学論文であっても、その治療法が有効であり、副作用などの心配がないことを証明するための検証データや治験結果などがなければ、その論文は受け入れられないし、治療法も認められないということはわかるよね。

はい。確かに、検証データも臨床実験の結果もないような治療法って、どんなに画期的なものでも信用できないですね。インチキじゃないかって、疑っちゃいます。そうか、論文じゃなくても、自分の主張だけしておいて、具体例や理由づけもないっていう文章だと、ただ無責任に言いたいことを言っているだけになっちゃいますね。

うん、その通りだね。**医学論文の検証データや治験結果に当たるのが、評論やコラムでいえば具体例**なんだ。だから、新聞に載っているコラムや評論で、筆者の主張が言いっぱなしで、具体例もなければ理由づけもないという文章はありえないんだよ。

初めは、マーカーや色鉛筆、三色ボールペンなどを使って、筆者の主張は赤、具体例は青、理由づけは緑といった具合に色分けして線を引いてみると、その文章の論理構造がわかりやすい。

すぐにできそうな論理力を鍛えるトレーニングって感じですね、先生。

ただ漫然と読んでいるだけでは効率が悪いんだよ。このようにして、しばらくは論理的構造を意識して読み取るように、新聞を読んでいくといい。一カ月もすると、さっと文章を読んだだけで、その論理構造がわかり、筆者の主張が読み取れるようになっているはずだ。ここまでくれば、論理力はもう身についたといっていいだろう。きっと、日常的にいろいろな場面で論理的な考え方ができるようになっているよ。

一カ月で論理力が身につくんですか？　もっと時間がかかるのかと思っていました。たった一カ月間、新聞を毎日読むことで論理的に考えられるようになるのなら、絶対にやった方がいいですね。

何回も言っているけど、論理というのはそんなにむずかしいものではないんだ。意識を変えるだけで、誰でも身につけることができるものなんだよ。毎朝、五分、一〇分でいいから、論理を意識して、新聞のコラム欄や評論文、「社説」を読むトレーニングをすることで身についてしまうんだからね。

先を予想しながら読むために

文章を読むのが速い人と遅い人がいるよね。たとえば、新聞の社説を一本読むのに五分以上かかる人もいれば、わずか一分で読み終えて、しっかり内容を把握、理解できる人もいる。ゆいちゃん、この違いはどこからくると思う？

いきなり質問ですか……。何だろうな？　速読とか、そういうんじゃないですよね。そうすると、慣れかなぁ。どれだけ文章を読んでいるか、読むことに慣れているかの違いですか？

う〜ん、間違いじゃないけど、正解とは言えないかなぁ。

確かに、文章をどれだけ読んでいるかっていうのはその通りなんだけど、ただ読んでいるだけじゃなくて、論理的に読んでいるっていうのが大事なんだ。

もっと言えば、**論理力がどれだけ身についているかの違いが、文章を読む速さと理解度の違いに表れている**といってもいい。

論理力が身についてきて、文章の論理構造が読み取れるようになると、その文章の要点や論理展開が見えてくるようになる。さらに、**先を読まなくても、その後、どんな文章が展開されるか予想することができるようになってくる**んだ。そうなると、文章を読むスピードはどんどん上がるし、理解も早くなる。社説を一分もあれば読んでしまう人は、文章の要点をすぐに読み取れるし、先へ先へと展開が予想できる人なんだよ。

文章の展開がわかっちゃうんですか？　すごい！　でも、どうやれば先の展開がわかるのかしら。文章の先の展開を予想する上で、気をつけなければいけないノウハウっていうか、ポイントっていうか、そういうのがあるんですよね？

さすが、ゆいちゃん。いいところに気がついたね。論理というのは一本道のようなものだから、ある前提があったら、その次にやってくるものは自ずと決まっているんだ。その前提を裏切るようなものがやってきたら、論理的に破綻してしまうからね。

例として、次の二つの文章を見比べてごらん。

- **私は一所懸命勉強した。だから、成績が上がった。**

・私は一所懸命勉強した。しかし、成績は上がらなかった。

この二つの文章を比べると、最初の一文はどちらも一緒だ。だけど、結果は違っている。どちらも「一所懸命勉強した」のだけど、最初の文章は「成績が上がった」のに、次の文章は「成績が上がらなかった」。

僕たちは、「一所懸命勉強した」という一文を読んだら、「成績が上がる」ことを予測するよね。最初の文章はその予測どおりの結果になっていて、次の文章は予測を裏切る結果になっている。

それでは、二つの文章で示されている結果は、文章を最後まで読まないとわからないだろうか？　どう、ゆいちゃん？

そうですね。接続詞が違いますよ。最初の文章は「だから」が使われていて、そのあとに「成績が上がった」となっているけど、二番目の文章は「しかし」があって、「成績が上がらなかった」となってます。あっ、そうか！

接続詞を見れば、最初の文章に対してどんな展開となる文章がくるかわかるってことですよね？

お見事！　順接の接続詞である「だから」があれば、そのあとには最初の文章に対して肯定的な文章がこなければいけない。一方、「しかし」は逆接の接続詞だから、その後には対立的、否定的な文章がくるんだ。

僕たちはこの程度の短い文章であれば、無意識のうちに先の展開を予測している。「一所懸命勉強した」とあれば、「成績が上がったんだな」と予測し、「だから」を見ると、「ああ、やっぱり上がったんだ」と確認する。「しかし」があったら「ああっ、成績は上がらなかったのか」と考えるだろう？

そうですね。無意識的に先を予測しているみたい。

みんな普段から実際にやっていることなんだけど、ここで徹底的に論理を意識するようになれば、文章を読むときにはいつも先を予測できるようになっていく。一つひとつの文章のつながりだけでなく、段落と段落のつながりもわかるようになるんだ。

さらに、最初の文章を読んだだけで、その文章全体の論理構造も読み取れてしまう。冒頭の文章として、筆者の主張であるAが置かれているのか、それとも具体例であるA′が置かれているのか、それに注意すれば、文章の構造が予測できる。

もし主張であるAが置かれているなら、そこにはその主張に対する論証責任があるから、「イコールの関係」や「対立関係」を使って、具体例をあげ、理由づけをして、最後にまた筆者の結論で締めくくるというパターンがくると予測される。A→A′→Aという論理展開だね。

それに対して、具体例であるA′で始まったなら、必ずその先で抽象化・一般化して、結論、筆者の主張を導き出す。A′→Aのパターンだね。

中には、筆者の主張Aを出しておいて、それを前提として、最終的な結論Bへと展開していくパターンもある。でも、心配はいらない。さっきの二つのパターンのどちらかのあとにBがくるという構成になっているから、戸惑うことはないはずだ。つまり、論理的な文章というのは、文章の長い短いに関係なく、論理構造で区分けすると、次の四つのパターンになるんだ。

① A→A′→A
② A′→A
③ A→A′→A→B
④ A′→A→B

論理力が身についていて、習熟されていくと、最初の文章を読んだだけで、その後の展開や結末まで予測することができる。ここまでくれば、文章を読むのが速くなるはもちろん、理解も深まっているはずだ。

しかも、文章の展開、構成を予測しながら読むことは、さらに論理力を習熟させ、強化することにもつながるんだから、一石二鳥といえるだろう。この段階まできたら、論理的思考のレベルもかなり高くなっているから、どんなときでも論理的にものを考えられるようになってきていると思うよ。

新聞の次に読むべきもの

最初の文章で結末まで予想できるなんてすごいですね。私もそうなれるのかなあ、自信ないです。

心配いらないさ。前にも言っただろう、論理力は誰でも自分のものにできるんだ。ゆいちゃんは大学でレポートを書いたり、卒論も書いているんだし、会社では企画書も書いている。まったく論理的思考の下地がないわけじゃないんだから、その気になれば、すぐに身につくよ。
「案ずるよりも産むが易し」って言うだろう？　心配するよりも、新聞を読むことの方が先だよ。

先生、論理力のトレーニングって、新聞を意識的に読むだけじゃないですよね？　他に論理力を磨くためのトレーニングってどんなのがあるんですか。たとえば、むずかしい本を読むとか？

新聞の文章は短いし、断片的なものが多いから、もっと長い文章も読んだ方がいいね。

というよりも、これまで説明したような新聞の読み方ができるぐらい論理力が身についてくると、だんだんそれだけでは物足りなくなってきて、違うもの、もっと長い文章を読みたくなってくるんだ。言ってみれば、そうなったら次のステップに進めっていうサインということだね。

次に読むべきものって何だろう？　いきなりむずかしい論文なんて、ちょっと無理がありますよね。それに、論文とかだと、私みたいなＯＬだと、手に入れるのも大変だし。

でも、小説でもなさそうだな……。もちろん論理的な文章が書かれた本じゃなきゃいけないんだから……。うーん、何だろう。

正解は、最近本屋さんでもたくさん見かける**「新書」**だよ。新書の小説もあるけど、ここでいうのはノンフィクション系の「教養新書」と一般的にいわれているものだよ。新聞だけで物足りなくなってきたら、次の段階として新書を読むのがいいんだ。

ただ、新書といってもいろいろなタイプがある。なるべくしっかりした、硬めの文章、論理的な文章で書かれたものがいいね。

新書を読むとき、どんな読み方をすればいいかだけど、ゆいちゃんは本を読むとき、どこからどんな順番で読んでいくかな？

えっ!?　普通、最初から順に読んでいくんじゃないんですか？　目次を見て、「まえがき」などがあればそれを読んで、それから第一章っていう順

番で読みますけど、それじゃダメなんですか？

間違ってるわけじゃないよ。「まえがき」というのは、筆者がその本で何を言いたいか、どんな思いでその本を書いたかなどが書かれているから、その本の全体像をつかむのに役に立つ。でも、より具体的にその本に書かれていることや構成を知ることができるのが**「目次」**なんだ。

新書の場合、目次には各章のタイトルだけではなくて、その章の各項目の見出しまで書かれている場合が多い。それを見ていけば、本全体としてどんな構成で、何が書かれているかわかるのはもちろん、各章がどんな内容で、どのような構成になっているかもわかる。つまり目次を見ることによって、その本の全体像が俯《ふ》瞰《かん》できるんだ。目次から、本の内容を予測するといってもいい。

へぇー、そんなふうに目次を見たことってなかったです。

次に本文を読んでいくんだけど、頭から読み始める前に、各章のタイトルに加えて、見出しに着目して、順に見ていこう。見出しはその部分で語られている「話題」を表しているから、見出しを見ていくだけで、その章の内容と構成がおおよそ予測できる。

まずこの作業をしてから、いよいよ本文を読んでいくわけだ。本文の読み方は新聞と一緒で、見出しから筆者の主張を読み取っておいて、文章の論理的構成や論理の基本を意識しながら読んでいけばいい。具体例や引用などに注意しながら、「イコールの関係」「対立関係」「理由づけ・因果関係」を意識して読んでいくんだ。

なるほど！　ここで、これまでのトレーニングが生きてくるんですね。

新聞でトレーニングして、論理力が身についているから、苦労しなくても文章の論理構造が見えてくるはずだ。しかも、見出しから全体の内容や構成を予測しているので、面白いように内容が理解でき、頭に入ってくることだろう。

こうして**論理を常に意識して新書を読むことは、論理力のトレーニングでもあるけれど、本を速く読み、しっかりと理解するための訓練にもなる**んだ。仕事では、本を何冊も読まなければいけないときがあるし、膨大な資料に目を通さなければならない場合もある。そんなときには、きっと役立つはずだ。

新書を論理的に読むトレーニングをしておくと、無味乾燥で読むのが苦痛に思えた仕事の資料がすいすいと読め、内容が苦もなく理解できるんで、きっとびっくりするんじゃないかな。

小説を読んで「他者意識」を育てよう

読書っていうと、「小説」というイメージがありますね。小説を読むのは論理力の訓練にはならないんでしょうか？　面白い小説を読むのなら苦にならないだろうし、それで論理力が鍛えられるのなら、すごくうれしいんですけ

ど、ダメですか？

小説はフィクションだし、読者を楽しませるために書かれたものだから、論理的という点からいえば、新書などとは違う面がある。だけど、文章の構成といった点では、論理的構造を無視してはいないはずだから、まったくトレーニングにならないわけではないよ。

良かった。

でも、小説を読む喜びは、そこに描かれている世界に入り込んだり、登場人物に感情移入することにあるから、論理を意識しすぎて読むと、その喜びや楽しみが失われてしまいかねないよね。

確かに、そんな読み方をしたら小説を楽しめないかもしれないですね。

でも、小説を読むことは、別な意味で論理力に役立てられるんだ。それは、論理力を育てるために欠かせない**「他者意識」**を養ってくれるということ。

当たり前のことだけど、人は自分の人生しか生きられない。残念だけど、僕はゆいちゃんの人生を経験することはできないし、ゆいちゃんは僕の人生を体験できない。それが現実だよね。

だけど、**小説を読めば、いろいろな人間の人生、生き方を疑似体験できる**。これは小説の最大の魅力だと僕は思っているんだけど、他人の人生を疑似体験することで、実は他者意識を育てることができるんだ。

なるほど。私も冒険の主人公になれるし、大恋愛も体験できるんですね。

そこが小説を読む大きな楽しみだよね。それに、僕が若い女性を主人公にした小説を読めば、若い女性の考え方や行動を理解し、彼女たちの立場に立って考える助けになる。だから、小説も役に立つといえる。ゆいちゃんが中年男性を主人公にした小説を読めば、その年代の上司や取引先の人と接するときに、相手のことを理解するのに役に立つ。

ビジネスマンたちが企業やビジネスの最前線を舞台にした小説や戦国時代の武将を主人公にした小説を愛読することが多いのは、自分が似たような状況に立たされたときの参考になるということもあるだろうけれど、自分がつき合わなければならない取引先や上司、同僚、部下などを理解し、うまくやっていくための助けになると感じているからなんじゃないかな。

そういうふうに小説を考えたことはなかったです。小説を選ぶとき、つい自分と同年代の女性が主人公のものが読みやすいし、感情移入もしやすいのでいいと思ってたんだけど、これからは男性が主人公の小説や年齢の違う主人

公が出てくる小説も読んでみます。

うん、それがいいよ。他者意識を育てるためにもその方がいいし、今まで敬遠していたタイプの小説や読んだことのなかった作家の作品をすごく面白く感じるかもしれないからね。

自分の好みや読書の幅を広げるという意味でも、いろいろなタイプの主人公が出てくる小説を読むことを勧めるよ。

第4章

話の「説得力」を倍にする「論理」の使い方

話題の「前振り」と「切り換え」のテクニック

新聞や新書などを読むことで論理力を習熟させたら、次はその論理力を、話したり書いたりすることに生かしてみよう。そうやって、常に論理を意識していれば、ますます論理力は習熟していくから、実践トレーニングにもなるんだ。

まずは論理的に相手にわかりやすく話すことについて考えていこうと思うけれど、ゆいちゃん、話すことと書くことで一番違うのは何だと思う？

以前、先生が、書くときは文法をきちんと意識しないと伝わらないけれど、会話だと身振りや手振り、表情で伝わることもあるっておっしゃいましたよね。他には何だろう？　書くときは考えながら書いたり、書き直したりできるけれど、考えながら話したり、言い直したりするのはむずかしいですよね。だから、書くのと比べると、文法的にはおかしくなったりするのかな。

いいところに気がついたね。今ゆいちゃんが言ったことを言い換えると、書いた文章は残るから、後から読み返したり、直したりすることもできるけれど、話し言葉は話していくその先から消えていく。つまり、話した言葉や会話は、あとで読み返して直すことができないんだ。

ゆいちゃん、こんな経験はないかな。誰かと話していて、相手は一所懸命話しているんだけど、自分には何の話なのかよくわからない。「何の話？ あのこと？ それともこっちのことを話してるの？」なんて考えているうちに、相手の話はほとんど終わっていたなんて、そんなことはなかったかな？

あります、あります。相手は私がわかってると思い込んでいるみたいでどんどん話してくるんだけど、私はちっともわからなくって。途中で聞き返さなかった私も悪いんだけど、でも、話の途中で、「一体何の話？」って聞きづらいですよね？ それで結局わからないまま終わっちゃって。後で、何か言われて、「えっ、何のこと？」って顔してたら、「さっき話したじゃない」って怒られ

ちゃって。

そんな経験はきっと誰にもあるよね。そういった場合、話し手はきちんと聞いていない相手が悪いと思いがちなんだけど、実際は、**話し方が悪い場合がほとんどなんだ**。相手に自分の話をきちんと伝えよう、理解してもらおうという他者意識が欠如しているんだよ。

相手がわかってもわからなくてもいいような、どうでもいい話をしているときは別だけど、**きちんと伝えたいというときは、話の順序がすごく大切になる**。何となく話を始めてしまうと、さっきのように、相手は何の話だかわからず終わってしまうことになりかねない。

自分があることについて話をしたい、相手にわかってほしいと思ったら、まずそれを相手に伝える必要がある。「今からこのことについて話をします。ちゃんと聞いてください。わかってください」と、相手に注意を促して、気持ちを自分の話に向けさせなくてはいけない。

えっ？　普段の会話でそんな「前振り」をするんですか？

いや、たとえばこう言えばいい。「○○のことなんだけど」とか「○○はどう思う？」というように、最初に話題を提示するんだ。**話題の提示は、団体旅行の観光ガイドが掲げている旗のようなものだ。**「これからこっちに行きますから、ついてきてください」と相手の意識を集中させる効果がある。

　話題が提示されれば、聞き手はその話題に対して心構えができるし、それについての自分の考えを頭に置きながら話を聞くこともできる。それで、相手は話をしっかりと聞いて、理解してくれ、自分の意見もきちんと話してくれる。内容のある会話ができるんだ。

そうですね。最初に話の内容を伝えてくれれば、こっちの身構えっていうか、聞き方も違ってきますよ。大切な話だと思えば、真剣に聞こうとする

し、相手がこちらの意見を聞きたいんだと感じれば、自分の考えを整理しようとしますから。

会話の途中で話題を変えるときも一緒だ。いつの間にか話題を変えてしまっていたら、「あれ、いつこの話になったの？」と相手は戸惑ってしまうし、話についてこれなくなる。

こういうときは、**「ところで……」「話は変わるんだけど……」といったように、「話題を変えるよ」というシグナルを送ることが大切**なんだ。そのシグナルが送られれば、相手は「これまでの話はここで終わりだな。別な話が始まるんだ」とわかって、次の話題に意識を集中し直してくれる。

そうやって相手の関心をリードしていくんですね。

そうだね。そしてこれも、聞き手である他者を意識するということになるんだ。

もちろん、話題を提示したあとは、論理的構成を意識して話すことも大事になる。だらだらと話していたのでは、相手はこちらが何を言いたいのか理解しづらいし、集中力をなくしてしまう。

一二三ページで説明したA→A′→A、A′→Aといった論理構造を意識すると同時に、接続詞や前振りの言葉を使って、「これから自分の意見を言う」「具体例をあげる」「理由づけをする」というシグナルを送るといい。

それによって、話は理路整然としたものになるし、相手にとってはわかりやすく感じられる。相手にぜひ伝えたい、理解してほしいと思うときやむずかしい話をするときは、とくにこうした話の順番や論理構造を意識する必要があるんだ。

シグナルって大切ですね。でも、一番大事なのは、相手に自分の話を聞いて欲しい、わかってほしいっていう気持ちなんですね、きっと。

新聞や雑誌に掲載される文章や小説などは不特定多数に向けたものだけど、会話は特定の相手とするものだ。だから、当然気をつけなければいけないポイントも違ってくる。

不特定多数に向けた文章の場合、誰が読むのかわからないから、どんな人にも読みやすく、理解しやすい文章を心がける必要がある。

一方、会話の場合、話している相手がわかってくれればいい。これは講演などの一部の例外を除いて、話す場合の特徴だ。会議で話すときでも、その会議の出席者に伝わり、理解してもらうことが大事なんだ。

自分の主張や考えを一方的に話したのでは、相手は納得してくれないばかりか、場合によっては反発されてしまって、伝わるはずのことまで伝わらなくなってしまうことだってあるかもしれない。

相手によって敬語を使うとか、話し方を変えるっていうのはわかってますけど……。上司や先輩でも親しくなると、つい甘えが出ちゃうこともあるし。取引先の人なんか、むずかしいですよね。失礼があってもいけないけれど、何度も顔を合わせているのに、あまり他人行儀でも悪いかなって考えちゃったり。どんなことに気をつければいいのか、教えてください。

まず、相手の職業や年齢、性別、価値観、自分との関係など、**相手の立場を考えることが欠かせない**よ。その上で、どんな言葉を選べばいいか、論理構造はどうしたらいいかを考えれば、もっとも伝わりやすく、理解される話し方が導き出されてくるはずだ。

これは、何も目上の人にはへりくだらなければいけないとか、上司や取引先に媚《こ》びろといっているわけではないよ。前にも話したように、**お互いそう簡単にはわかり合えないという他者意識を前提に、相手の立場を理解し、思いやって話をする必要がある**ということなんだ。

同じ内容であっても、話し方によって受け入れられることもあれば、受け入れられないことも出てくる。何気なく、悪意もなしに使った言葉に相手は気分を害し、それまでの努力が無駄になってしまうことだってあるかもしれない。

相手の立場を思いやれば、相手が不快に感じるような言葉をうっかりと使ってしまうようなこともなくしていける。

最初に話題を提示するのも、論理構造をしっかりと意識して話すのも、相手に対する「思いやり」なんだ。相手を思いやり、その立場を尊重するから、話を聞き漏らす無駄が起こらないように最初に話題を提示するのだし、聞きやすく、理解してもらいやすいように、論理構造を意識して話すんだ。

他者意識や他者への思いやりと、論理はつながっているんですね。

その通り。ちょっとキザだけど、**「論理は愛」**と言ってもいいくらいだ。

ちょっとじゃなくて、かなりキザですけど……。

……コホン。えー、もう一つ。会話をするとき忘れてはならないのは、**相手の目に自分がどう映っているかを意識すること**だ。自分が誰かの話を聞くときのことを考えてみるといいよ。相手のことをイヤだと感じていたり、馬鹿にしていたら、素直に話は聞けないし、どんなにいい話であっても受け入れないし、「信用できない」と思ってしまったりするだろう。

また自分が相手の目に「ダメな人間」「生意気なヤツ」と映っていたらどうなるかな？　どんなに一所懸命話しても、相手はきちんと聞こうとしてくれないだろうし、わかってくれるはずがない。気の置けない友達同士なら別だけれど、そうでなければ、相手の目を意識して、身だしなみや態度にも気をつけなければいけないんだ。

相手はこちらの態度を不快に感じたり、話が理解できなかったとしても、それを面と向かって告げてくることはない。心の中でバカにされるだけだ。そして、その相手はこちらとは二度ときちんと向き合ってくれないし、本気で話をしようとは思ってはくれなくなるだろう。

そんなことにならないためにも、相手の立場、相手の目を意識して、論理的に話をする必要があるんだ。

親しい相手ほど言葉選びは慎重に

言葉ってむずかしいし、怖いですよね。先生が「話した言葉は読み返すことができない」っておっしゃったじゃないですか。一度言ってしまったことは、言わなかったことにはできないですからね。友達とのケンカの原因って、だいたいちょっとした言葉の行き違いですもの。

そうなんだ。言葉って独り歩きしてしまうことがあるからね。政治の世界では、閣僚や官僚が失言で辞職することがよくあるけれど、その失言は何気なく発した言葉や、その人にとっては何でもないと感じていた言葉だったりすることが多いよね。

ゆいちゃんが言ったように、友達とのケンカにしても些細な言葉の行き違いがほとんどの原因だし、悪気もなしに言ったひと言が原因で友達を失ってしまうことだってある。ある人にとっては何でもない言葉でも、別の人にとっては重い意味があったり、深く傷つく言葉であったりということがあるんだ。

私にも経験があります。友達の態度が急によそよそしくなったと思ったら、前に送ったメールのひと言にすごくムカついてたとか……。

だから、**たとえ親しい間柄であっても、言葉選びには細心の注意が必要**なんだ。立場や年齢が違う人であればなおさら、気をつけなければいけない。

最近、いろいろと問題になることが多いセクハラにしても、言った側は何気なく、あるいは親しみを込めたつもりで言ったのに、受け取る側は不快感を覚えて、問題になってしまったというケースもよくある。

そうですね。私はあまり気にしないようにはしているけど、「あれっ」と思うようなことはあるもの。女性の中にはちょっとした言葉でも神経質になっちゃう人はいますよ。とくに、過去に嫌な思いをしたことのある人だと、余計に敏感に反応しちゃうんじゃないかな。

言葉を選ぶことはもちろん大切なんだけど、同時に、自分の言葉を相手がどう捉えたかにも気を配った方がいい。自分の言葉を、相手は自分が考えたのと同じニュアンスで理解しているとは限らない。まったく別のニュアンスで捉えられていることだってある。

話をしながら相手の反応や言葉に注意していれば、自分の言ったことが正しく伝わったかどうかはわかるものだよね。もし、誤解されているようならば、相手に確認するとか、補足するなど、早めに手当てをしなければならない。

こうした誤解を起こさないためにも、論理的な話し方をする必要があるし、言葉も選ばなければならないんだ。とくに、自分の話の中で鍵となる言葉は、誤解を生まないように、丁寧に使うべきだ。そして、その言葉が誤解なく相手に伝わったかどうか、注意深く観察しよう。

これは相手の話を聞くときにも言えることだよ。相手の話の鍵となる言葉を、自分で勝手に解釈してしまったら、相手の話を取り違えてしまうことにもなる。相手の意図通りに自分が捉えているか、確認した方がいい。話が食い違っていると感じたら、自分と相手がお互いの言葉の意味を取り違えていないか、冷静になって考えてみるべきだよ。

でも、相手に「この言葉はこういう意味ですか？」なんて質問したら、失礼になりませんか？　何かいい方法あるんですか。

相手の話の文脈の中で、その言葉をつかまえればいいんだ。むずかしそうに感じるかもしれないけれど、相手の話にしっかりと耳を傾け、主観ではなく、論理的に相手の話を聞き取れば、相手の言葉がどんな意味を持っているのか、自然に浮かび上がってくる。

話し手も聞き手も論理的思考ができれば、つまらない誤解はそうそう起こらないはずなんだけど、主観的にすべてを自分の文脈、感覚の中で捉えようとすると、とんでもない過ちを犯してしまうんだ。

むずかしそうだけど、努力してみる価値は十分ありますね。

会話はキャッチボールであることを忘れない

会話には流れがあるし、その場の雰囲気もある。だから、気をつけていても、それに流されてしまって、気がつかないうちに失敗してしまうことがあるんだ。「言葉尻を捉える」とか「話の腰を折る」といった言葉があるのも、そんな過ちを犯す人が多いからなんだろうね。

さっきまで会話が盛り上がっていたのに、自分のひと言でシラけちゃったり、相手が急に無口になっちゃったりっていう覚えがありますよ。「しまった!」って思っても、そんなときはもう手遅れなんですよね。後になって、「あぁ、あのひと言で相手の話の腰を折っちゃったんだ」と反省したりして……。

そういう過ちを犯してしまうときというのは、自分が話したいことが頭の片隅から離れないんだよね。その話をしたくてしたくてたまらないから、相手の話を落ち着いて聞いて、論理的に理解することを忘れてしまっている。

それで、きっかけがつかめたと感じると、相手への思いやりも話の流れも頭の中から飛んでしまって、自分の話題を一方的にまくし立てている、なんてことになるんだ。

「会話はキャッチボール」ってよくいうよね。一人ではキャッチボールはできない。いいキャッチボールをしようと思ったら、お互いが受け手のことを考えて、相手の受けとめやすいボールを投げる。それを繰り返すうちに、リズムやテンポがどんどん良くなって、キャッチボールは楽しくなっていく。

会話も一緒だ。お互いが相手の話すことに興味を持ち、相手が一番言いたいことを汲み取って、それに自分の話を重ねていく。その繰り返しによって、話は盛り上がり、充実した会話が生まれ、楽しい時間を過ごせるんだ。

相手が自分の投げたボールをちゃんと受けてくれなかったり、投げ返してくれなかったりすると、「どうして？」と相手を疑ってしまいがちだけれど、原因は自分にあることが多いんだ。相手が取れないボールや、受ける気にならないボールを投げてしまっていたり、相手がキャッチボールを続ける気をなくしてしまうようなボールを投げていることだってある。キャッチボールをしていて、相手が見当違いの方向にばかり投げてきて、何度もボール拾いに行かされたら、やめたくなるのと一緒だよ。

私は女性なので、そんなにキャッチボールをしたことがないけれど、先生の言っていることはわかります。相手が自分の話している話題と関係のない話題ばかり返してきたら、会話を続けるのがイヤになっちゃうし、その人とはもう会いたくないって思っちゃうかもしれませんね。

「話し上手は聞き上手」という言葉があるように、**会話の名手といわれる人は、相手の話を聞くのが上手なんだ。**相手の言葉尻を捉えたり、話の腰を折ったりしないのはもちろんだけど、タイミングよく相槌《あいづち》を打って相手の話をさらに引き出したりもできる。しかも、相手の話をきちんと論理的に汲み取っているんだよ。

聞き手が上手で、きちんと話を聞いて理解してくれ、さらにいいタイミングで相槌や合いの手を入れてくれると、話し手もリズムがよくなって、話も脱線や無駄がなくなり、論理的にもきちんとしてくるものなんだ。

「さて」「ところで」をうまく使うとどうなる?

私もときどきやっちゃうんですけど、いつの間にか話のテーマが他に流れちゃうってことありますよね。たとえば、さっきまで仕事の相談をしていたのに、「あれ?」と思ったら、ファッションの話になっていたとか。別に相手に話の腰を折られたという覚えもないのに、話題が変わっていたっていうこと。

ありがちなことだよね。友達同士で取りとめもない会話をしているときは、それでも楽しければいいのかもしれないけれど、大事な話をしているときやビジネスの相手との会話で、そういうことが起こるとまずいよね。

話が次々に流れたり、飛んでしまったりすると、相手には何が言いたいのかさっぱり伝わらないし、ときには、自分でも何が言いたかったのかわからなくなってしまうということもありえる。

なぜ、そんなことになるんでしょうか。予防できるものかしら。

話が流れてしまうのは、余分な言葉がやたらと多かったり、論理が飛躍したりするのと一緒で、**自分で話したいことを論理的に構成できていないから起こってしまう**んだ。自分の中できっちり構成、整理できていないのだから、相手に言いたいことが伝わるはずがないし、相手に論理的な人間だと思ってもらえるはずもない。

会話をする上で忘れてはならないのは、**自分が何を話したいか、これからどんな話をするか本人はわかっているけれど、相手はまったくわかっていないということ**だ。自分が今から話そうとすることも、自分の考えも相手は知らない。この前提をしっかり意識すれば、突然本題を語りだしたり、話があちらこちらへ取りとめもなく飛んだりといった話し方にはならないだろう。

もう少し具体的に言っていただけますか？

相手にしっかり聞いてほしい、理解してほしいと思う話題について話すなら、要点を一つに絞って話すことだ。テーマがいくつも出てくると、話題が途中で変わったり、散漫になって論理的にならなくなってしまうし、聞き手の集中力も失われがちになる。**人間が意識を集中させられるのは一つの話題に対してだけなんだ。**

だから、要点を一つに絞って、まず話題を提示して相手の意識をその話題に向けさせて、その要点について論理的に話を進めていく。そうすれば、話題も流れない。それに、相手も集中して話を聞いてくれるので、自分の意見や考えを積み重ねてくれて、有意義な会話が成り立つことになる。

うーん。でも、同じ相手といくつかのテーマで話さなきゃいけないことがありますよね。そんなときって、つい気持ちが焦っちゃって、いきなり他の話題に振っちゃったりとかして、失敗しがちなんですよ。

もし、その相手といくつかの話題について話をしたいと思うなら、順を追って話していけばいい。ある話題についての話を終えてから別の話題に移っていくんだ。そうすれば、お互いに話の内容をしっかり把握できるし、整理して考えられるから、会話が散漫になってしまうこともなくなる。

それが結構むずかしいんですよ……。

いい方法がある。話題を変えるときに、**「さて」「ところで」**という接続詞を使って、話題を変えるシグナルを出すことだ。そうすることで会話をリードすることができるし、相手は話題が変わることをわかってくれるから、新しい話題に集中して話を聞いてくれる。
こうした話し方も、他者意識と論理を意識すれば、自然とできるはずなんだ。自分を相手の立場に置いてみれば、大事な話をするために会っているのに、話題があちこちに飛ぶような話をされたらたまらないだろう？　それに、論理的に整理して話すことを意識していれば、聞き手が混乱してしまうような話にはならないよ。

「イコールの関係」を見誤るな

他にも、これを意識すると論理的に話ができるっていうポイントがあったら教えてください。私も会社の人や取引先と論理的に話して、「できる女」って思われたいんです。

論理的な話ができると、友達の間でもそうだけど、とくに、ビジネスの場では周囲の人たちから高く評価されるしね。よしっ！　それなら、ゆいちゃんにも「できる女」になってもらおうかな。

前に論理の基本を話したよね。

「イコールの関係」「対立関係」「理由づけ・因果関係」という三つの規則のことですね。

その通り。**この三つの規則を上手に使えば、論理的に話すことができる**んだ。

文章を書く場合は、構成が多少むずかしくなっても、確認しながら読んでもらうこともできるから問題はないんだけど、話す場合はできるだけわかりやすい論理構造の方が相手に優しい話し方になる。

そういう点を考えると、「イコールの関係」を意識して話すといい。自分の主張や考えをAとしたら、その裏づけとなる具体例A′をあげるという論理構造だ。

このとき気をつけたいのは、自分の主張Aと具体例A′の間に「イコールの関係」が成り立たなければいけないということ。「イコールの関係」が成り立っていないと、論理に矛盾が起こってしまうからね。
書くときには確認しながら書いていけるから、こうした過ちは防ぎやすいのだけれど、話すときには「イコールの関係」だと思って話したことがそうではなかったというミスが起こりがちなんだ。とくに、話が盛り上がってきたり、夢中になって話しているときなどは注意しなければいけない。

そういうミス、やっちゃいそうです！　とくに、うまく話せているときなんか、つい調子に乗って……なんてことになりそうだわ。大事な話をするときは、いつも冷静な目を失わずに、論理を意識していないと怖いですね。

そうだね。こういうミスは弁の立つ人やうまく話せているときほど、犯しやすいかもしれないな。ときどき、**いろいろな具体例をあげたり、話を次々と展開していくのが得意な人がいるけど、そういう人にありがちなのが、話の焦点がぼや**

けてしまって、何を言いたいのかわからないというケースなんだ。

あげている具体例や展開した話の中に、言いたいことと「イコールの関係」が成り立たないものが含まれてしまっている。そのために、話に論理的矛盾が生じてしまって、相手に「一体何を言いたいの？」と思われてしまう結果になる。

どんな話をしているときに、イコールじゃない具体例を話してしまいがちなんでしょうか。

よくありがちなミスのパターンとしては、具体例として、自分の体験（エピソード）や人から聞いた話（伝聞）を紹介する場合だ。「イコールの関係」が成り立っていると思い込んで紹介したのに、実際には成立していなくて、「論理的矛盾」が生じてしまうというパターンに陥っているときなどだね。

本人は流れの中で話したことだから矛盾に気づかないけれど、聞いている方は違和感を覚えて矛盾に気づいてしまう。ケアレスミスといえるかもしれないけれど、それでは済まされないミスでもある。

人間は少しでも論理的でない話の展開に出くわすと、相手への信頼度を下げてしまうし、その論理的矛盾が気になって、その後の話を受け入れることもできなくなってしまいがちなんだ。

「できる女」と呼ばれるためには、常に論理を意識して話すことを忘れてはいけないね。

「常識」が引き起こす論理的矛盾に要注意

「できる女」と呼ばれるようになるのも大変のようですねぇ。でも、せっかく仕事が面白くなってきたし、ずっと今の会社で仕事を続けたい気持ちもあるから、やっぱり周りの人から評価されたいです。他にも気をつけなければいけないことってありますか?

何度も言うけど、論理的に話せるようになるのは、そんなにむずかしいことじゃないよ。**いつも論理を意識すること、犯しがちなミスに気をつけること、この二つを心がけていればいい。**ゆいちゃんが「できる女」と呼ばれる日も遠くないんじゃないかな。

じゃあ、「できる女」を目指すゆいちゃんのために、論理的矛盾に陥らないための注意点をもう一つアドバイスしておこうか。

お願いします！　私、自分で言っているうちに、ほんとに「できる女」になりたいって思ってきたもの。

お、落ち着いてね（笑）。一二三ページで文章の論理構造にいくつかのパターンがあることは説明したね。さっき話した自分の意見を具体例をあげて証明していくのは「A→A′→A」のパターンだ。もう一つ、代表的なパターンとして「A→B」という形を紹介したけれど、覚えているかな？

ええ。前提条件であるAから自分の主張Bを導き出す「因果関係」の論理構造でしょ？　ちゃんと覚えてますよ。

さすが「できる女」を目指しているだけはある！　この「A→B」の因果関係が成立するための重要なポイントは、前提条件であるAが正しいということだ。Aが正しくなかったら、この論理構造はあっけなく崩れてしまう。

会議や打ち合わせのときによくあることなんだけど、ある前提条件を持ち出して、「だから、こういうことが言えます」と主張する。確かに、その前提条件が正しければ、その結論は説得力がある。

だけど、多くの場合、その前提条件には証明がないんだ。よく知られていること、多くの人が言っているという理由でそれを「常識」だと思い込んでしまっている。

それが**本当に「常識」なら間違いないけれど、実はそれは「常識」でも何でもなくて、ただの「思い込み」にすぎないことも少なくない。**みんなが言っていること、よく知られていることだからといって正しいとは限らない。それなのに、それが正しいかどうか検証、証明しないで正しいと思い込んでしまうと、こういう過ちを犯してしまうんだ。

これはＮＧですね。間違いを前提にしてとうとうと話すというのはすごくカッコ悪い……。

カッコ悪いどころじゃないだろうね。それから、かつては「常識」であったものでも、今では「常識」でないということもよくある。世の中や人の考え方が変わり、さまざまな技術が進歩、進化しているのだから、過去の「常識」がいつまでも「常識」であり続けるとは限らない。**昔の「常識」を前提に提案した企画では、今の世の中に受け入れられないとしても当然**だろう。

　大事な場でこの過ちを犯すと、取り返しのつかないことにもなりかねない。前提条件であるＡを責められたら、その主張はたちどころに崩壊してしまう。Ａが正しいと言えなければ、Bも正しいとは言えないのだからね。

「常識」と思われることはついそのまま信じてしまいがちだけれど、ときにはそれを疑ってみることも大切なんだ。自分の思い込みが間違っていたことに気づいたことで、新しい発想が生まれることだってよくあるからね。

人を話に引き込む三つのポイント　その①——第一声を大切に

ゆいちゃんは、会社の会議や取引先へのプレゼンの席のような、いわゆる大勢の人の前で発言することはあるの？

今はまだそういう機会はないですね。部署の会議には出るし、プレゼンにアシスタントみたいな形で加わることはあるけど、私が話すなんてことはないです。もし、自分が大きな会議で報告したり、プレゼンで提案したりなんて考えたら、気が遠くなってしまいそう。緊張して、頭が真っ白になっちゃって、

とんでもないことになりそうです。

大勢の人を前に話をしなくてはいけないと、誰でも緊張するよね。ある意味、慣れるしかないんだけど、出席者に自分の話を集中して聞いてもらい、納得させるための法則はちゃんとあるんだ。それを覚えておけば、重要な会議で報告することになっても、きっとうまくやれるよ。

そんな法則があるんですか？　ぜひ教えてください！　私もキャリアを積んでいけば、いずれそういう立場になるかもしれませんし。

最初の法則は**「第一声を大切に」**ということだ。会議やプレゼンでは最初の一声がすごく大切なんだ。第一声で成否が決まるといっても、オーバーではないぐらいだよ。慣れない人が失敗するパターンで一番多いのが、この最初の一声で失敗してしまうというものなんだ。

会議にしてもプレゼンにしても、全員が席に着いたからといって、すぐにみんなが集中して話を聞こうという雰囲気になっていないことが多い。隣同士で話をしたり、ざわついていたりする。

緊張してあがっている発表者は、雰囲気に呑まれてしまって、ざわついている中で発言を何げなく始めてしまう。すると、大事な第一声はざわつきの中でかき消されてしまって、すべての人の耳に届かない。そのために、みんなの意識が発言者に集中しないんだ。

そして、そのまま出席者の集中や緊張感がないまま会議が続くから、話も説得力を失って、失敗に終わる。

報告するために出席者の前に立ったら、すぐに話を始めないで、ざわつきが収まり、みんなが発言者である自分に注目するまで待つんだ。

ええっ。そんなことしたら、かえって緊張しちゃいそう。それでなくても緊張しているのに、みんなの視線が自分に集まったら、パニックを起こし

ちゃうんじゃないかしら。

それがそんなことはないんだ。出席者が自分の話に耳を傾けてくれないと感じると、焦ってしまって、冷静さをますます失ってしまう。逆に、自分に注目が集まって、集中して話を聞いてもらっていると感じられれば、最初は緊張しても、だんだん自信が生まれて、落ち着いてくるものなんだ。

それに、みんなの視線が集まるのを待つといっても、そう長い時間じゃない。発言者がみんなの前に立てば、会議が始まることがみんなわかるから、すぐに空気がピンと張り詰めてくる。一呼吸置くぐらいのわずかな時間だよ。そのとき、自分を落ち着かせるために、ゆっくりと呼吸しながら、出席者の顔を見回すといい。それでさらに出席者の意識は自分に向けられるはずだ。

そして、会場の雰囲気が張り詰めてきたと感じたら、ゆっくりと話を始めればいい。そのときには、全員がひと言ひと言に集中して、真剣に耳を傾けてくれているに違いない。

もし、雰囲気が落ち着かないまま話を始めてしまったときは、焦ってそのまま話を続けるのではなく、空気を変えるようにしよう。話題を変えたり、間を取ったりすることで、出席者の意識を自分に向けさせ、それから仕切り直しをするといい。

人を話に引き込む三つのポイント　その②――前置きは短く

会議で報告したり、プレゼンで提案するときって、最初に何を話したらいいのかしら？　いきなり報告を始めていいんでしょうか？　それとも、何か、これから話すことの前振りっていうか、前置きみたいなことを話した方がいいのですか？

パーティーや結婚式で、乾杯の音頭を取る人が長々と話をしたら、イヤになっちゃうよね。早くビールを飲みたいし、食事もしたいのに、いつまでもグラスを持ったまま立たされていたら、みんなうんざりしてしまって、話なんて誰も聞きやしない。そんな経験はあるだろう。

会議やプレゼンも一緒だ。会議やプレゼンに出席している人たちは、報告や提案を聞くために集まっているのだから、**形式的なあいさつや常套句《じょうとうく》などは切り捨てて、いきなり本題に入ってしまってかまわない**。その方が、集中して話を聞いてもらえて、いい結果が出るものなんだ。

会議の席で、その企画をまとめるために、自分や部署の人間がどんな努力をしたかとか、どれだけ熱意を持っているかなどを話す人がいる。本人は自分の情熱を訴えることで、出席者にその企画を支持してもらおうと考えているのかもしれないが、こういうのはかえって逆効果になってしまう。

その場にいる人たちにとって、重要なこと、評価のポイントは企画内容の良し悪しだけであって、誰がどんな思いでその企画を立てたかなどは関係ない。

プレゼンする側がどうでもいい話をしてしまうことで、それまで話に意識を傾けてくれていた出席者の空気が緩み、集中力まで下げてしまうなんてことはザラにあるからね。

人を話に引き込む三つのポイント　その③——上手に間を取る

なるほど。会議でも、誰かが手柄話を話し続けたり、本題と関係のない昔話を持ち出されたりしたら、集中力がなくなりますしね。その後にすごくいい話があったとしても、「どうでもいいんじゃない」って思ってしまいそう。

大勢の前で話すのも、相手がいるんだから、「一種の会話」なんだ。自分の世界に入り込んで、相手の反応も見ないで一方的に話しても会話は成立しないし、相手は自分の話をちゃんと聞いてくれないよね。それと一緒だよ。

論理的に話すことは当然だけど、やはり、**相手がどう自分を見ているか、どう自分の話を受け取っているかという他者意識を持つことも大切**なんだ。他者意識さえ忘れなければ、どうでもいい話を延々と続けるなんてことはしないはずだからね。

そうか。他者意識を持って、自分が相手の目にどう映っているかとか、話がどう聞こえているかを考えたら、冷静になれそうな気がする。

そうなんだ。そのことがわかれば、ゆいちゃんは会議で報告することになっても、きっと大丈夫だよ。

会話のときも、相手の反応によって会話のテンポを変えたり、ジョークを言ってみたりとかすると、スムーズにコミュニケーションが図れることがある。これは大勢の前で話すときにもいえることなんだ。

誰かと大事な話をしていて、このことだけはわかってほしいという重要なことを言うときには、**ちょっと間を置いたり、相手の目をジッと見たりして、「これから大切なことを言うから、しっかり聞いてください」というシグナルを送る**よね。

会議で報告するときも、結論を話すときなど、**ここで集中をもう一度高めてほしい、きちんと耳を傾けてほしいというときには、一呼吸間を置いて、出席者の注意を自分に向けるといい**。

人間はずっと高いテンションで集中し続けられるわけではないから、だんだん集中力は落ちてくる。しかも、そのタイミングは人によって違う。そこで、どうしてもこれだけは、という話に入るときには、もう一度、集中力を高めてもらえるようにシグナルを送るんだ。

慣れてくれば、間を置いたり、メリハリをつけて話をできるようになるんでしょうね。でも、それができるようになるまでは大変そうですね。

大勢の人の前で話すと思うから、むずかしく感じるんだよ。誰か一人の人に話していると思えば、ずいぶんと楽だろう。上司や取引先と打ち合わせをしているときには、自分の意見や提案を理解してもらうために、ゆいちゃんも無意識のうちに話の間を置いたり、言葉のテンポを変えたり、メリハリをつけて話をしているはずだよ。それと同じでいいんだ。

今思えば、そういうことも知らずにやっていたかも。これを意識的にやればいいんですね。

そうだよ。やったこともない、むずかしいことをやろうと言ってるんじゃなくて、知らずにやっていることを意識的にやろうよ、ということなんだ。

メリハリをつけるということでは、ここぞという大切な言葉は、思いを込めて語るといい。その思いは聞いている人に、重みとして伝わる。**大事な提案だからといって、すべての言葉に思いを込めていたら、自分も聞いている方も疲れてしまって、緊張感がなくなってしまう**。だから、ここぞというときに、自分の思いを込めるんだ。一つの話の中に、いくつか思いを込めた言葉があれば、その話は聞き手に強い説得力を持って伝わるはずだからね。

人間の集中力には限界がある。人の話を聞き続けるのは、意外に疲れるし、集中力を失いがちにもなる。だから、話し手は、聞き手の集中力をコントロールして、大切なところでは集中力を高めてもらう必要がある。そのために、間を取ったり、リズムを変えたりして、話にメリハリをつけるんだ。

第5章

論理的に書くトレーニングで「思考力」が向上する

文章は論理的でなければならない

「論理的に話す」ことについては、「私にもできそう」っていう気が少しだけどしてきました。でも、「論理的に書く」のはもっとむずかしそう。

「論理を大切に」っていう意識さえしっかりしていれば、そんなに心配することはないよ。ただ、前にも話したけれど「話し言葉」と「書き言葉」は違うっていうことに気をつけなくてはいけない。話すときには消えてしまうから気をつけなければいけないことがあったけど、**書くときには、残るから注意しなければいけないことがある**んだ。一度書いたものは、「証拠」として残ってしまうといってもいいかな。

一度書いてしまったものは、なかったことにすることはできないのだから、言葉や言い回しは話すとき以上に慎重に選ばなければいけないんだ。メールなどだと、つい感情的な言葉を並べてしまったりすることもあるけど、後になって「しまった！」って思ったりするよね。

何度もありますよ。「お願い、忘れて！　消しちゃって！」って、またメールしたくなるけど、それも恥ずかしいし。

仲のいい友達に出したメールなら「恥ずかしい」でいいけれど、不特定多数の人が読む文章だったら、それでは済まないよね。後悔どころか、もっと大変なことにだってなりかねない。

だから、書くときの心構えとして、**常に冷静さを保つということは覚えておいた方がいい**。感情的な文章は、読むに耐えないからね。そんな文章だったら、読み直したときに、一から書き直さなければいけなくなるよ。

冷静に、論理的にっていうことが大切なんですね。

それも、文章の場合は徹頭徹尾論理的でなくてはならないと考えた方がいい。話すときは、その場の雰囲気や流れがあるから、論理的破綻、矛盾さえなければ、多少のことは許される。むしろ、原稿を読み上げているような話よりも、聞き手は聞きやすいし、耳を傾けてくれる。

ところが、文章の場合は誰が読むかわからないし、何度も読み返されることだってある。

読み手が読みやすく、理解しやすいという点からも、読んだ人がどんな反応を示すかわからないという点からも、文章は論理的でなくてはならないんだ。

自分の主張には論証責任がある

文章を書くときには、論理の基本を忘れてはいけないということですか。

三つの規則にしたがって文章を構成していかなくてはいけないね。自分の言いたいことを言いっぱなしで、それを証明するための具体例も理由づけもない文章なんて、あまりにも無責任だし、読み手からしたら、こんなに不愉快なものはないよ。

日本人は自分の主張に対して具体例をあげると、それでわかってもらったと思って、理由づけをしないことがよくあるって、第2章で話したよね。話す場合はそれでも許されることが多い。聞き手が何となくわかった気になってしまうというのもあるし、後から質問することもできるからね。でも、文章の場合はそれでは許されない。

必ず理由づけしなければいけない……。

具体例をあげただけで、理由づけがなされていないと、「だから、何なんだよ」っていうことになってしまう。自分の意見を他者に述べるということは、それを論証する責任が生じるということを、文章を書くときには忘れてはいけないんだ。

責任ですか……。プレッシャーがかかりそうですね。

自分の主張の論証をしていない文章を読んだときのことを考えてみるといいよ。自分の体験やエピソードといった具体例がいくつも書かれていても、理由づけがなければ、説得力に欠けるんじゃないかな。

自分の主張を論証することは、書き手としての責任でもあるし、文章を説得力のあるものにして、読み手の支持を得るためにも、必要なんだ。言い方を変えれば、**どんなに主張が立派で正しく、他の部分が論理的に書かれていても、論証されていなければ、それは論理的な文章とはいえない**ということだよ。

読者を引っ張るためにできること

論理的な文章には、主張を最初に述べて、それから具体例をあげて、理由づけするパターンと、具体例をあげてからそれを一般化するパターンがあるって、先生はおっしゃってましたね。

話すとき、とくに、会議やプレゼンの場合は、聞き手を自分に注目させ、話に引き込むために、まず主張をしてしまう方がいいと思う。前にも言ったけれど、話を集中して聞くには限界があるから、一番集中力の高いときに、自分のもっとも言いたいことを持ってきた方がいいんだ。

書く場合は違うんですか？　最初に主張を述べてしまわない方がいいっていうこと？

話って、話し手のペースで進んでいくよね。だから、さっき言ったように、最初に主張を言って、それで聞き手を自分のペースに引きずり込むのがいいのさ。一方、書いた文章は読み手が自分のペースで言葉を追っていくよね。一気に最後まで読む人もいれば、途中で何度も立ちどまって考えながら読む人もいる。このように、**読み手のペース任せの文章では、自分の主張を最初に持ち出す必要はない。むしろ、最後に持ってきた方がいい。**

えっ、どうして書く場合は、主張を最後にした方がいいんですか？

話は話し手が自分でやめない限り、続けられるよね。それで失敗しちゃう人もいるけど。でも、**文章は最初に興味を抱かなければ、それ以上は読んでもらえな**

い。とくに、自分の主張とは違う意見を持った人なら、その先は読んでくれない。

だから、読み手を最後まで引っ張るためには、主張は最後に置いた方がいいんだよ。初めに、読み手の関心を引く具体例や、「えっ!?」と思わせるようなエピソードをあげて、「この人は一体どんなことを言いたいんだろう?」と読者の興味を高め、期待を持たせることも効果的なんだ。

なるほど！　小説でも、最初が面白いと、引き込まれて最後まで読んじゃいますものね。

最後まで読んでもらえれば、違う意見を持っていた人でも、「なるほど、そうか！」と考え方を変えてくれるかもしれないし、「こういう意見もあるんだな」と思ってくれるかもしれない。

文章を書く目的は、自分の考えを知ってもらい、わかってもらい、さらには支持してもらうことだからね。文章を読んで、「なるほど、そういうことか！」と思ってもらえれば成功ということになる。そのためには、最後まで読んでもらわなくてはならないんだよ。

そうですよね。せっかく書いたんだから、最後まで読んでほしいですよね。最初だけ読んで、「違うよ」って、やめられたら悔しいし、悲しい……。

論理的な文章は文法に従ってこそ

うん、そうだね。じゃあ、人を説得できるような最後まで読んでもらえる文章を書く上で、最低限守るべきことがあるけど、それは何だと思う？

えっ、何だろう？　論理的ってことですよね。だから、言っていることが矛盾していないっていうことですか。

うん。論理が一貫しているっていうことは、すごく大切で、これは絶対に守らなければいけない。論理的矛盾があったり、ブレたりしているような文章は論理的とはいえないし、説得力はないよ。でも、もう一つ、守らなければいけないことがあるんだ。

それは**「文法」に従った文章であるということ**。とくに、**主語と述語の関係に注意しなくてはいけない**。普段は、主語と述語を意識することなんて、あまりないよね。とくに、話すときはそうだ。実際、今こうして話していても、主語のない会話だってたくさんあるしね。

ええ、主語を意識して話していませんもの。主語、述語って考えたら、話せなくなりそう。

話すときはそれでもいいんだ。とくに、日本語の場合、主語を抜いても会話は成立することが多い。だけど、文章の場合は主語や述語を省いてはいけないし、その二つがきちんと対応していなければならないんだ。

　これは文章の基本だけど、主語と述語がきちんと対応していない文章を平気で書く人がいるんだよ。主語と述語はその文章の要点で、この二つの間には、論理的関係がある。主語と述語が対応していなければ、その一文は論理的でないということになるよね。そんな文章が全体として論理的だとは思えないだろう。

読んでいる途中でおかしな文章にぶつかったら、「あれっ？」って思って、そこで読むのをやめちゃいそう。

　文章は主語と述語がきちんと対応していれば、最低限伝えたいことは伝わるんだ。

　次の文章を読んでごらん。

「白く、清楚な少女を思わせるような花が、清々《すがすが》しい朝の光の中で、恥ずかしげに、はかなげに咲いていた」

「花が」が主語で、「咲いていた」が述語だ。この二つの言葉だけで、「花が咲いていた」ということはわかるよね。ということは、後の言葉は「飾り」なんだ。

じゃあ、形容詞とかは大切じゃないってことですか？

そんなことはない。どんな花が、どう咲いていたか、読む人にはっきりとイメージしてもらうためには形容詞や修飾語が必要さ。でも、それがなくても、「花が咲いていた」ということは伝わるし、もし、「花が」という主語に対応した述語がきていなければ、どんなに修飾語が見事であっても、一番大切なことが伝わらないよ。

はい。述語がもし「浮かんでいた」だったら、咲いているのか、散っているのかわかりませんしね。池か何かに落ちた花が浮かんでいるのかと思っちゃうな。

接続詞で読み手を誘導する

話は話し手のペースで進められるけど、文章は読み手のペースで読まれるって言ったよね。でも、読み手を自分のペースに巻き込むっていうか、次へ次へと誘導していくことは実は可能なんだ。

前に、読むときは先の展開を予想しながら読めって、話したよね。

ちゃんと覚えてますよ。先を予測しながら読めば、速く読めるし、理解もしやすいって。

そう。そのときに、どこに注意したらいいって言ったかな。これも覚えているかな？

ええっと、確か、接続詞……でしたっけ？

そう、接続詞だ。文章を書くときには、読み手が先を予測しながら読むことを意識しながら書かなければならない。自分の主張Aを提示したら、読み手はそのA′がくると予測する。逆に、具体例A′で始まった文章ならば、どこかでそれを一般化し、筆者の主張であるAがくると予測するだろう。その予測を裏切るように、「ところで」とまったく別の話を持ってきたら、読み手は裏切られたような気持ちになり、集中力を失ってしまう。

だから、**文章は「流れ」というものがすごく大切なんだ。**でも、流れはいつもまっすぐとは限らない。流れがまったくそれてはいけないけれど、右に曲がったり、左に寄ったりすることはある。**その流れの変化に読み手という船がうまく乗れるような道標のようなものが「接続詞」なんだ。**

「だから」とか「しかし」とか、接続詞を見れば、次の文章の展開が予測できるってことでした。

接続詞は使いすぎると、うるさくなってしまうけれども、ところどころに置くと、読み手にリズムよく読んでもらう助けになる。それから、接続詞は文と文の論理的な関係を示す言葉でもある。接続詞を意識して文章を書けば、より論理的な文章になって、読み手もわかりやすくなるんだ。

そこまで考えて接続詞を使ったことってなかったです。

接続詞は何となく流れで使ってしまうことも多いよ。でも、**接続詞を意識することで、文章が論理的になって、読者を誘導することだってできるし、論理力を高める訓練にもなるんだよ。**

段落の重要性を忘れるな

先生、質問があります。段落って、どういう役割をしているんですか？

段落か。段落も文章を書くときには大切だよね。その段落には、**「形式段落」**と**「意味段落」**の二つがある。改行と改行の間は、「形式段落」。「形式段落」は行を変えたところまでを一つの段落と数える。それに対して、「意味段落」は論理展開で決まるんだ。

ということは、行が変わっていると、「形式段落」では次の段落になったことになるけれど、その後も同じようなことが書かれていれば、「意味段落」ではまだ同じ段落が続いているということですか。

そうだよ。英語の場合、形式段落と意味段落がほぼ一緒で、形式段落という発想もない。日本語の文章も昔はそうだったんだ。古い本を見ると、改行がないまま、一つの段落が何ページにもわたって続いていることがある。でも、それだと読みにくいよね。

日本語は視覚的に文章が長いという特徴があるから、意味段落と形式段落が一緒だと、読みづらい面がある。そこで、読みやすくするために、途中で行を変えておこうと、形式段落が使われるようになったんだ。

初めて知りました。

形式段落は視覚的な要素から生まれたものだから、読みやすさを考えて、自分の感覚で行を変えればいい。最近は、読みやすさがとくに求められるから、改行を多く用いる傾向にあるみたいだね。

読みやすさという点では、「形式段落」も大事なんだけど、もっと重要なこと、文章の論理性にかかわってくるのが「意味段落」だ。**「意味段落」は論理的に分**

けられていなくてはいけないんだ。

えっ、どういうことですか？　一つの「意味段落」の中でいろいろなことを言っちゃいけない、ってことですか？

その通り。具体例をあげて、自分の主張を述べるときには、段落を変えなければいけない。「意味段落」が変わるということは、「ここから話を変えますよ」というシグナルなんだよ。

うーん、確か小学校の国語の時間に、「話が変わるときは、行を変えましょう」って教わった気がします。

それは「意味段落」を変えなさいということだよ。論理的な文章を書こうとするなら、「意味段落」に注意しなくてはならない。それから、段落と段落の論理的な関係も大切だ。

文章同士に「イコールの関係」「対立関係」「理由づけ・因果関係」という論理的関係があるのと同じように、段落同士にもそうした関係があるんだ。それを意識して、文章を書かないと、論理的矛盾が起こってしまって、論理的な文章にはならないよ。

なるほど、っていうか、むずかしいですねぇ。

そこでさっき話した接続詞が大事になってくるんだ。「意味段落」が変わるところに「つまり」という順接の接続詞があれば、「イコールの関係」であることがすぐわかるし、「しかし」があれば「対立関係」だとわかるよね。

それじゃ「なぜならば」という接続詞があったとしたら？

「理由づけ」です。

そう！　そして因果関係を表すなら「したがって」といった接続詞を使えばいい。意味段落を上手に使えば、読みやすくて、論理的な文章が書けるということなんだ。

書くことが「考えること」につながる

書くという作業は、論理的思考ではものすごく大切なことなんだ。ゆいちゃんは中学や高校のときに、ものを覚えるときには紙に書きなさいって言われたことはなかった？

言われました。それはもういろいろな先生に言われましたよ。とくに、英語の先生には「単語を覚えたいなら一〇〇回書け」とかって。

そう。確かに、ただ単語帳を見ているだけよりも、書いた方が覚えられるよね。それは書くことで理解が深まるからなんだ。文章の論点を読み取るときも、文章を見ながら考えるよりも、書いてみた方がはっきりとわかってくる。**実は企画をつくるときも、書いた方がアイデアがまとまるんだ。**

これは、**書くことで、考えは整理され深まっていくということでもあるよ。**大昔から、いろいろな人がたくさんのものを書いてきた。もちろん、書くことは自分の考えや思いを伝え、残す手段でもあるけどね。

確かに、書くと考えが整理されるって、すごくわかります。

「考える」ことは、「読む」こと、「書く」ことと切り離せないと思うんだ。過去から現代まで、哲学者も思想家も文学者も、先人の遺した文章を読んで考え、その考えを書くことで整理した。その書いたものをまた後の人間が読んで、考える。そういうサイクルがずっと続いているんだよ。

そしてもう一つ。書くということは、後の人に伝えることでもある。『源氏物語』だって、紫式部が書いたから、今でもこうして読めるんだ。紫式部が誰かに語るだけで、書き残してくれなかったら、我々は読めなかったし、その意味からすれば、生まれなかった文学作品もたくさんあったと思うよ。

そう考えると、書くって、すごい大切なことなんですね。

ゆいちゃんだって、自分のアイデアを企画書に〝書く〟から、他の人に見てもらえるし、わかってもらえるんだ。

はい。「できる女」を目指す私としては、これからもっと書くことを大切にしないといけないって、ほんと、感じました。

第6章

「論理力」を鍛えれば「記憶力」もアップする

脳は忘れないといけないもの⁉

ところで先生、私は記憶力も良くしたいんです。受験勉強でも苦労したんだけど、仕事でも覚えなければいけないことってたくさんあるから、少しでも簡単に記憶ができたら楽だろうって思って。

記憶に関しては、みんな誤解しているんだ。覚えようとすれば魔法のように頭に入ってきて、そのまま忘れない。そんなふうに考えてるんじゃないかな。

えっ⁉　頭の良い人ってそうなんじゃないかって思ってましたけど。

それが誤解なんだ。**記憶力と、頭が良い、悪いなんてあまり関係ない。**簡単に覚えられないのは、みんな同じなんだ。記憶には四つの条件があって、そのいくつかを満たしていないと覚えられないし、すぐに忘れてしまう。

①一度、どこかで見たことがある
②理解している
③反復し、定着させる
④使いこなす

これがその四つの条件だよ。たとえば、①の「一度、どこかで見たことがある」だけど、受験勉強のとき、漢字と英単語、どっちの方が覚えやすかった？

……うーん、漢字の方が覚えやすかったですね。英単語は覚えづらいし、すぐに忘れちゃうし、すごく苦労しました。

漢字は読みを知らなくても、たいていはどこかで見たことがあるから、少し練習すればすぐに書けるようになる。でも、初めて見る英単語は単語カードをつくって覚えようとしてもなかなか覚えられない。この違いは、見たことがあるかないかの違いなんだよ。

それに、人の名前だって、友達の名前とよく似た人名は簡単に覚えられるだろう？

そういえばそうですね。初めて会った人でも歴史上の人物でも、「あっ、○○ちゃんとよく似た名前だ」って思うとすぐ覚えるし、忘れないですよね。

記憶って、そういうものなんだよ。それに、人間の脳というのは、そもそも忘れるようにできているんだ。だから、覚えようと思ったら、覚えるための手順を踏まなきゃいけないのさ。

忘れてしまうんじゃ、困るじゃないですか。

それは違うよ。脳に入ってくる情報がすべて記憶されたら、その方が大変なことになってしまう。だって、見たもの、聞いたもの、味わったものなど、膨大な量の情報が脳には集まってくるだろう。それをすべて覚えていたとしたらどうなってしまう？

頭が混乱しちゃいそう。ううん、パンクしちゃうんじゃないかしら。

そうさ。入ってくるすべての情報を記憶していたら、脳は大変なことになってしまう。それに、人間はすべてのことを覚えていたいわけじゃない。嫌なことは忘れたいって、誰だって思うだろう？　忘れるっていうことは、人間にとってとても大切なことなんだ。「人間は忘れるから生きていける」、そんなことを言っていた人もいたんじゃないかな。

脳科学の世界では定説になっている「エビングハウスの忘却曲線」というのがあるんだ。エビングハウスというドイツの心理学者が行った実験をグラフ化したものなんだけど、それによると、**人は二〇分後には覚えたことの四二パーセント、一時間後には五六パーセント、一日後には七四パーセントを忘れているらしい。**

えっ、そんなに忘れちゃうんですか。覚えられないのも当然だわ。

そう、**何もしなければ忘れるように、脳はもともとできている**んだ。だから、覚えていたいこと、記憶しなければいけないことは、しっかりと定着するように、作業をしなければいけないんだ。

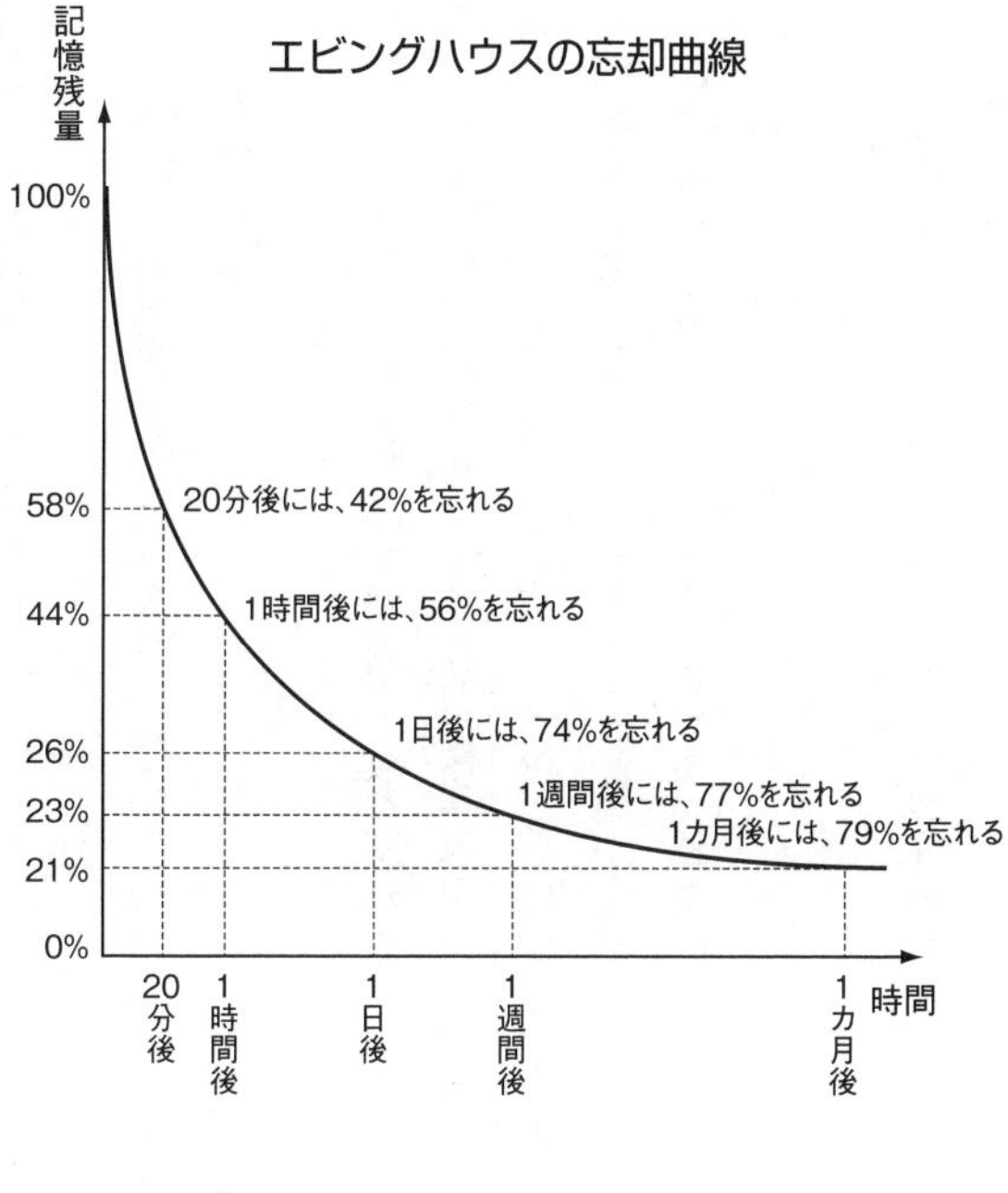
エビングハウスの忘却曲線
記憶残量
100%
58%
44%
26%
23%
21%
0%
20分後には、42%を忘れる
1時間後には、56%を忘れる
1日後には、74%を忘れる
1週間後には、77%を忘れる
1カ月後には、79%を忘れる
20分後
1時間後
1日後
1週間後
1カ月後
時間

理解できないものは覚えられない

受験勉強のときに、英単語を何度も復習したりしたのは、記憶を定着させるためだったんですね。

うん。一度覚えたものでも、ある時間が経過すると忘れてしまう。それをもう一度、学習することで記憶を定着させる。それを繰り返すと、いつまでも忘れないようになる。英単語でも漢字でも、よく出てくる言葉はすぐに覚えるし、忘れないだろう。それは何度も目にしているうちに、記憶が定着しているからなんだ。

ところで、すぐに覚えられるものとなかなか覚えられないものってあるよね。

その違いはなんだと思う？

何だろう？　好きなこととか、得意なものは覚えられるけど、嫌いなこと、苦手なものは覚えられないですね。

そうだね。受験勉強でも仕事でも、得意な科目、分野のことはどんどん覚えられるのに、苦手なものは苦労してもなかなか覚えられない。この違いは、理解できているかどうかからくるんだ。つまり、**理解できないことは、覚えられない**ということさ。

仕事のむずかしい資料が覚えられないのは、書かれていることが理解できないからなんですね。

趣味のことだとすぐに覚えられるのは、好きだってこともあるけど、書かれていることがすぐに理解できるからなんだよ。でも、意味のよくわからない専門用語がいくつも出てくる文章だと、何が書かれているかよくわからないから、読んだそばから忘れてしまって、読み終わったときには、何が書いてあったのか、もう覚えていないものだよね。

そっ、そうなんです！　えっ、今読んだばかりじゃないってこと、とてもよくあります！

人の名前だって、その人がどんな人かわかっていれば名前もすぐに覚えられるけど、顔も職業もわからない人の名前を覚えろといわれても、覚えられる人なんていないよ。

論理力で記憶力も劇的にアップ

わからないことを無理やり覚えようとしてもダメだっていうことですよね。

まあ、そういうことだね。第一、それが何なのかわからないことを覚えたって意味がないだろう。そんなことは脳が拒否するよ。誰だかわからない人間の名前を覚えないのと一緒さ。だから、**必要なことは覚えようとするよりも、理解しよ**

うとすることが大事なんだ、理解できれば、自然に覚えられる。
　そこで、理解するためにとても重要なのが「論理力」なんだ。前に文章の読み方を説明したけれど、ただ漠然と文字を目で追っても、なかなか理解できないよね。論理的構造を見抜き、そこから筆者の言いたいことを論理的に読み取ることで文章は理解できるんだ。

ものを覚えるのにも論理力が大切だなんて、思いもしませんでした。びっくりです。

　たとえば、「関ヶ原の戦い」がどんな戦いで、どの武将がどう動いたかということをただ覚えようと思っても覚えられないよ。でも、その歴史的・政治的背景、豊臣秀吉、徳川家康、石田三成、そしてその他の武将たちの立場などを整理して、その因果関係から、なぜ戦いが起こったかを理解すれば、覚えようと努力しなくても、いろいろなことが自然に頭に入ってくる。

受験のときにこれがわかっていれば、もっと勉強が楽だったし、楽しかったでしょうね。何だか、悔しい。

悔しがることはないさ。仕事にしたって同じなんだから、論理的に考えられるようになれば、これまでわかりづらかったことだって、理解できるようになるし、覚えられるよ。

それにね、理解できればそのことに興味も湧いてくるし、面白くもなってくる。そうすると、もっといろいろなことが知りたくなってくる。そうやって、知識がどんどん増えていくんだよ。

好きなことだと、いろいろ知りたくなるし、いつの間にか知っている、そういうことですね。

記憶を定着させるために不可欠なもの

さっきも言ったけれど、脳はもともと忘れるようにできている。人間は忘れる動物だといってもいい。だから、何かを覚えようとするなら、忘れることを前提にしなければいけない。

理解して覚えたことだって、そのままずっと放っておけば忘れてしまう。ずっと覚えておきたいと思ったら、反復しなければいけないんだ。一度会っただけの人の顔はそのうち思い出せなくなってしまうけれど、何度も会った人の顔は忘れない。それは反復したことで、記憶が定着したからなんだよ。

忘れないようにするためには、何回ぐらい反復すればいいんですか？

通常は、一年間、記憶を維持するには、四、五回っていわれているね。それぐらい反復することで、記憶として定着するというのが定説だ。

すべてのことを同じ労力をかけて反復しなければいけないとしたら、それは大変だけど、でもまあ心配ない。理解度や印象の深さによって、なかなか忘れないものもあれば、すぐに忘れてしまうものもある。しかも、忘れてしまったものでも見覚えはあるから、二度目、三度目のときには簡単にまた覚えられるんだ。

じゃあ、反復はだんだん楽になっていくってことですか。よかった、それなら私でも大丈夫そう。

覚えたことを忘れないためのとても有効な方法があるんだ。ゆいちゃん、知りたいかい？

知りたいですよ。そんな魔法のような方法って、何なんですか？　もったいぶらずに教えてください！

それは、**使ってみること**だよ。受験勉強のとき、数学の公式をただ覚えようとしても大変だけど、その公式を使って問題をいくつも解けば、忘れなくなる。弁護士がむずかしい法律の条文を忘れないのは使っているからさ。ゆいちゃんだって、仕事でよく使う専門用語は、むずかしい言葉でも覚えられるし、忘れないだろう？

そういえばそうですね。最初に聞いたときは、「えっ？　何ですか」って聞き返したような言葉も、いつの間にか当たり前のように使っています。

使うとどうして忘れないかっていうと、使うこと自体が反復することになっているからなんだ。覚えようと意識していなくても、五回使えば、五回反復して覚えたのと同じことなんだ。

だから、重要なこと、覚えなければいけないことは、すぐに使ってみること、何度も使ってみることが大事なんだ。海外旅行にいっても、挨拶や買い物に必要な言葉は、何度も使うから自然に覚えられるだろう？

最初は英会話の本を見ながらしゃべっていたのに、二、三回使うと、スラスラと口から出てきますよね。

それとね、使うっていうことは、そのことの意味や使い方を理解しているっていうことでもある。「How much?」という言いまわしだって、「いくらですか？」と値段を聞くときに使う言葉だってわかっているから使えるんだ。意味がわからなかったら使えないよね。

外国語の勉強でよくいわれることだけれど、**覚えなければいけない理由のある人はすぐに身につくけれど、何となくやっている人はいつまでたっても覚えない**というのは本当なんだ。それは、真剣さ、必死さが違うっていうこともあるけれど、使うか使わないかっていうこともあるんじゃないかな。

外国から帰ってきた人が、しばらく使わないでいると、せっかく覚えた語学がすぐにサビついて、使い物にならなくなるっていいますものね。

論理と知識は考えるための車の両輪

使うことが、忘れないためにはとても大切なんだけど、使うためにも論理力は必要だよ。覚えた知識をきちんと話したり、文章にするには、論理力がなくてはならないんだから。

覚えるためにも、忘れないためにも、論理力がすごく重要な役割をしているってことですね。

論理的に理解することは最初の記憶だ。そして、論理的に使うことが記憶を定着させることになる。ものを覚える、つまり知識を得るには、論理は不可欠のものなんだ。
論理的に理解できないことを覚えようとしたら、ものすごい労力がいるよね。
しかも、覚えても使えないとしたら、そんな無駄なことはない。

えっ!? じゃあ、論理力が一番大切ってこと?

ある意味ではね。だけど、論理力だけあってもダメなんだ。論理力を使って考えるためには、知識が必要だよ。ある文章を読むとき、知らない言葉だらけだったとしたら、いくら論理力があったとしても、その文章に何が書いてあるのか、筆者が何を言いたいのか、読み取ることはできないだろう?

すごい論理的に考えられる人でも、英単語が全然わからなければ、英語の文章は読めないっていうことですね。

いいたとえだね。同じ知識があれば、論理力のある人の方がない人よりもずっとその文章を早く、しっかりと理解できる。でも、知識がなかったら、せっかくの論理力も役に立たないよ。

つまり、**論理と知識は表裏一体**なんだ。論理も知識もとても大切で、必要なことだけど、なぜ必要かといったら、ある目的のためだ。その目的って、何のことだかわかる？

何だろう？　今までの先生の話からすると……。そうか！　考えることですね？

正解！　さすが、ゆいちゃん。**人間は考える動物だ。一番大切なのは「考える力」なんだよ。**その考える力をつけ、伸ばすためには、論理と知識の両方を育て、豊かにしていかなければいけない。どっちが欠けても、考える力は育たない。

たとえば、新入社員のゆいちゃんが仕事の企画でいいアイデアを思いついたとする。でも、会社に入ったばかりで、仕事のことがよくわからないゆいちゃんは、それをどう形にして、企画としてまとめればいいかわからない。それで、仕方なくそのアイデアを課長に話してみると……。

課長はすぐに企画にまとめてしまえますよね、きっと。

あるアイデアを形にして、企画書を書くには、知識がなくてはならない。その企画が優れたものだと証明するための具体例や市場の分析結果といったことは、知識だからね。

知識かぁ。上司や先輩を見ていて、経験やノウハウがすごく大事なんだなって感じてたんだけど。

経験やノウハウもものをいうよね。でも、考えてごらん。**経験やノウハウだっ**

て知識だろう？

知識っていうと、つい言葉だったり、法則だったりと考えがちだけど、もっと幅広いんだ。経験もノウハウも、自分がこれまで知り、覚えてきたことすべてが知識といっていい。よく「車の両輪」という言い方をするけれど、**論理と知識は考えるための車の両輪**だよ。

どちらがなくても、考えることはできない――。

そう。その二つのバランスが取れていれば、スムーズに考えられる。そして、二つが大きくなればなるほど、より早く、深く考えられるようになるんだ。

第7章

最大の武器・考える力は「論理力＋創造力」だ

時代は劇的に変化している

ゆいちゃんは社会人になって二年目、ということは二四歳ぐらいかな。考えてみたら、バブル経済の真っ盛りの、ちょうど昭和の終わり頃に生まれたわけだね。

そうです。でも、バブルってよくわからないですよ。小さかったから覚えてないし。でも、最近、昭和の人気が高いですよね、映画もいろいろつくられているし。そんなにいい時代だったんですか、昭和って？

「レトロ」といわれて今人気があるのは、昭和三〇年代みたいだね。その頃は僕はまだ子どもだったから、鮮明な記憶はないのだけれど、日本にとって、確かにいい時代だったのかもしれないね。

戦後の復興期から高度成長期に入ったのがその頃だ。貧しかったけれど、夢のある時代だったんだろうな。日本人みんなが将来に希望を持っていた時代だ。一所懸命働けば、豊かになれるって信じて、希望を持てたんだ。テレビ、洗濯機、冷蔵庫といった生活家電が登場したのもこの頃だし、車も普及し始めた頃だったしね。

その頃を知っている人にとっては懐かしく、知らない私たちの世代には新鮮。それで人気になっているんですね。

でも、ゆいちゃんがあの時代に行ったら、すぐに現代に戻りたいって思うんじゃないかな、きっと。

昭和三〇年代から五〇年は経《た》っているんだから、いろいろなことが変わって当たり前なんだ。バブルだってもう二〇年以上前のことだしね。だから、昭和三〇年代やバブルを懐かしむのはいいけれど、その頃の感覚や考え方は変えないといけない。さすがに昭和三〇年代のままという人はいないだろうけど、バブルの頃の感覚や考え方を捨てきれない人はいるよね。

予備校を例にあげても、状況がまったく変わってきている。現在では、数字上だと大学の定員と受験者数が一致するような状況になっている。現実にはそんなことはないのだけれど、数字上だけからいえば浪人がゼロになる。つまり予備校側は浪人生の入学を当てにできないわけだ。そのときに、以前のままの考え方でいたら、予備校経営はやっていけない。生き残ることができなくなるんだよ。

これは予備校ばかりじゃなくて、さまざまな業種についていえる。時代の変化に即応していかないと、取り残されてしまい、会社は存亡の危機に追い込まれてしまう。バブル経済の崩壊以降、歴史や伝統のある企業がいくつも破綻しているけれど、そういう企業は、世の中や経済の変化に対応できなかったんだよ。

就職できて良かったなんて、安心していられませんね。考えてみれば、名前の知られた会社に就職して喜んでいた友達が、会社の業績が悪くなってお給料が下がったり、大変だっていう話も聞きました。

二〇一一年は、プロ野球の横浜球団の経営譲渡が話題になったけれど、プロ野球の親会社の移り変わりを見ると面白いよ。昭和三〇年代ぐらいまでは新聞社や鉄道会社が多かったけど、今は新聞系は読売と中日、鉄道系は阪神と西武と二つずつだ。それに対して、食品メーカーが日本ハム、ロッテ、ヤクルトと三つあるし、ＩＴ産業がソフトバンク、楽天に加えてＤｅＮＡの参入で三つになった。日本の経済状況や産業構造が変わっていることがとてもよくわかる。

野球ってあまり見ないから、そんなこと思ったこともなかったけど、そういう見方もあるんですね。

独創性のない人は生き残れない

話を予備校のことに戻すと、今、予備校はどうやって生徒を集めるかが至上命題なんだ。以前は、横並びでも生徒は集まってきた。でも昨今は、他にはないカリキュラムを組むとか、独自性がないと生徒が集まらない。つまりは生き残れない。

だから、どこの予備校も必死になって独自性を打ち出して、アピールしている。それができなかったところは、淘汰されていっているんだ。

予備校も大変なんですね。でも、予備校が大変っていうことは、大学も大変っていうことになりますよね？

そうだよ。少子化でこれから学生数は減っていくから、大学も独自性がなければ学生は集まらない。実際、大学の統合が行われているし、地方の公立高校でも統合や廃校になるところが出てきている。

独自性、独創性が求められるようになったのは、学校だけじゃなくて、ほとんどすべての企業にいえることだし、もっといえば、個人にもいえる。

以前はみんなと一緒だということが安心だったし、周囲からもその方がいいと思われる面があったけど、今は他の人と同じではあまり評価されない。その人の個性、特に、その人でなければできない独創性が求められ、評価の基準になってきているんだ。

うーん、独創性なんて私にあるのかしら。独創性がなくちゃいけないなんて言われたら、目の前が真っ暗になっちゃいそうです……。

ファッションを見てごらん。前はあるものが流行すると、みんな右に倣《なら》えで同じ服装をしていたよね。今も流行はあるけれど、街を歩いている人たちが、みんな同じような服装をしているなんてことはない。無意識のうちに、オリジナリティーを出そうとしているんだと思うよ。

私もそうだし、友達も「みんなと一緒じゃイヤだ。恥ずかしい」っていう感じは持ってますよ。何人かで集まったとき、みんなが同じような格好し

ていると想像したら、やっぱりイヤですね。そのままじゃ恥ずかしくてお店に入れないかもしれません。

そうしたオリジナリティー、他の人とは違うものが求められ、価値があると評価されるのは個人の能力についても、いえることなんだ。

みんなが「豊かになる」という同じ目標に向かって走っていた高度成長の頃は、個性的だったり、独創的なものは、「和を乱す」といって嫌われる面があった。でも今では、その人にしかない発想や技術、そういったものが求められ、評価されるようになったんだ。

映像が氾濫する時代の弊害

小学生の頃は、「協調性が大切」って、いつも言われていた気がします。それが、オリジナリティー、独創性が求められると、戸惑う人も多いんじ

やないですか？

今だって協調性が必要ないわけではないよ。社会の一員、グループの一員としてやっていく上で、協調性は不可欠だからね。だけど、協調性だけでは評価されないということなんだ。

協調性に加えて、独創性が求められるようになったと言えばいいかな。大変になったといえば、その通りだよね。

私も含めてですけど、これまで独創性なんてほとんど考えたことのなかった人間はどうすればいいんですか？　今から独創性を身につけることができるのかしら。

人間の能力はそんなにバカにしたものじゃない。脳は使わなければ確実に衰えていくけれど、使えばどんどん活発に働いてくれる。だから、**さまざまな場面で**

想像力や創造性を豊かにすることを意識して生活していれば、他の人にはない発想ができるようになっていくはずだよ。

でも、想像力という点では、ゆいちゃんたち、今の若い人は不幸な面がある。恵まれすぎているというか与えられすぎているというか、想像力を必要とされない、喚起されないで成長してきたからね。

えっ!? どうして私たちには想像力が欠けているんですか?

欠けているわけじゃないけれど、以前に比べたら、想像力を使わなくても遊べるし、暮らせるようになったのは確かだ。

その代表が映像だ。今は情報化社会、映像化時代で、いろいろなものが映像として氾濫している。映像として見られることには大きなメリットもあるけれど、デメリットもある。

今、書店にいくと、文学や歴史はもちろん哲学書までマンガにしたものが並んでいる。むずかしい歴史や哲学もマンガなら取っつきやすいし、わかりやすい。たとえば、『源氏物語』を原文で読もうと思ったら大変だけど、マンガなら気楽に読める。哲学書も同じだ。

私も歴史のマンガや名作文学のマンガを読んだことがありますよ。わかりやすいです。でも、物足りないっていうか、後に残らないんです。

そうなんだ。映像による記憶はほとんど定着しないんだ。マンガで歴史の勉強をして受験に合格したっていう話は聞かないもの。それに、これが何より重要なんだけど、**マンガも含めて映像は、さほど想像力をかき立てないということが問題**なんだよ。

『源氏物語』を原文ではなく、現代文に訳したものでも活字で読めば、美男子である光源氏はどんな男性なのか、彼とかかわる女性たちはどんな美女なのかと自分で思い描くよね。でも、マンガの場合、すでにその姿形はマンガ家によって描かれているから、自分の頭で想像することがない。

映画やＤＶＤも一緒だよ。川端康成の『伊豆の踊り子』を映画化されたものを観たら、踊り子は演じた吉永小百合であったり、山口百恵であったりして、そこには想像の余地はないだろう。小説で読めば、読者は自分の中で踊り子像をつくり上げる。それは決定的な違いなんだ。

子どもの遊びもそうだよ。今はゲームばかりだろう。何の工夫をしなくても楽しく遊べる。だけど、昔は今のようなゲームなんてなかったし、遊ぶ道具さえ少なかったから、子どもたちは空き地や路地や学校の校庭などで、そこにあるものを利用して遊んでいた。遊び道具じゃないものを、子どもの想像力で遊び道具にしていたんだ。

昔のそういう遊びも楽しそうだわ。

昔の子どもは遊ぶことで想像力や創造性が育まれていたんだ。それを考えると、今の子どもはちょっとかわいそうだって思うな。でも、今の若い人や子どもたちには、私たちの世代にはない良さもたくさんある。そこに想像力や創造性が加われば、すごいものを生み出せると思うよ。

日々、想像力を豊かにする方法

じゃあ、今の私たちの生活の中で、想像力を育てるにはどうすればいいんですか。今となっては、昔みたいな暮らしや遊びはできないもの。

毎日の生活の中でちょっと工夫するだけでも、想像力は育てられるよ。たとえば食事さ。ゆいちゃんも仕事が忙しいと、会社帰りにコンビニで何か買ってきたり、どこかで食事して帰ったりして、自分でつくることなんてほとんどないだろう？

うわっ!? バレてますか? 自分でつくった方がいいとは思うんですけど、つい大変だって思っちゃって。

実は、**料理をつくることは、想像力を豊かにし、創造性を育てるとてもいい作業**なんだよ。食材を選んで、何をつくろうか、どんな味つけにしようかと考えることは、創造することだからね。気をつけなければいけないのは、本やインターネットを見て、そこに書かれている通りにつくったのでは、創造にはならないっていうこと。

最初はレシピを見てつくってもいいよ。でも、それでつくり方と味がわかったら、自分なりの工夫をしてみるのさ。肉料理だったら、魚に変えてみるとか、味つけを変えるとか。それも創造なんだからね。

でも、失敗したらどうしようって思っちゃう。おいしくできればいいけれど……。

失敗することだってあるよ。有名シェフだって、何回も試作して、新しいメニューをつくり出すんだ。おいしくできなかったら、その原因は何かを考えて、またトライすればいい。そうやっておいしい料理ができたら、それはゆいちゃんのオリジナル料理だ。料理の楽しさ、喜びって、こういうところにあるんじゃないかな。

そうかもしれない。本を見てつくったときより、自分で工夫したときの方が、おいしくできたとき、うれしいですもの。

それに、やっぱり本を読むことは大事だね。**想像力を豊かにするためには小説がいい**よ。小説はいろいろな場所が舞台になっているし、さまざまな人物が登場してくる。その場所や登場人物を思い描きながら読むんだ。この作業があるから、読書は面白いんじゃないかと思うんだけど。

どんなジャンルの小説がいいとかってあるんですか？　たとえば、ミステリーがいいみたいな。

そういうことは気にしなくていいよ。どんな小説でも想像力をかき立ててくれるからね。自分が面白いと思うもので構わないよ。たとえば、時代小説だと、三〇〇年前の江戸の町並みやその頃の人の暮らしを想像してみるだけでもすごく楽しいと思うな。

それから、**小説には「行間を読む」楽しみがある**。作家が文字にしなかったものを読者が想像することだ。たとえば、主人公は小学校の頃はどんな子どもだったのか、どんな家庭に育ったのか、これまでどんな恋をしてきたのか、そんなことを想像して、自分なりの登場人物像をつくり上げていく、そういう作業が「行間を読む」ことだ。

「行間を読む」ようになれば、想像力はどんどん豊かになっていくよ。

考える力とは「論理力＋創造力」

さっき、独創性が求められる時代になったという話をしたけど、**独創性って、簡単に言ってしまえば「考える力」っていうこと**なんだ。人の真似をするんじゃなくて、自分で考えるっていうことさ。

自分で考えるって、そんなに簡単じゃないですよね。自分で考えたつもりでも、誰かの真似だったり、ヒントをもらっていたりするし。

よほどの天才でもなければ、いきなり無から有を生むようなことはできないさ。料理じゃないけど、最初は模倣だったり、誰かのアイデアからヒントをもらったりしていいんだ。そこに自分のアイデアを盛り込んだり、別な形に変えたりして生まれたものだってオリジナルなんじゃないかな。何をどのぐらい加えたか、変えたかっていうのが大事だけどね。

仕事で企画を考えていても、「あっ、これは！」って発想が浮かぶときがあると思うけど、思い浮かんだだけでは、それがいいものかどうかわからないからね。実際、発想やひらめきを形にするのが大変な作業だし、そこが勝負ともいえるんだけど、**論理力があれば、ひらめきを形にする作業がうまくできる**んだ。

やっぱり論理力ですか！　論理力っていろいろなことで必要なんですね。

そうさ！　たとえば企画をつくるとしよう。何かひらめいたとしても、そのままでは企画とはいえないよね。それを他の人に理解してもらえるように形にする、つまり、文章にして初めて企画になる、考えたことになるんだ。

だから、**考える力というのは、発想する力、創造力と論理力が合わさったもの**なんだ。どんなに素晴らしい発想でも、それを人に理解させられなければただの思いつきだし、それを実現性のあるものに組み立てられなければ、絵に描いた餅、机上の空論になってしまう。

人に理解させ、実現性のあるものにするのが「論理力」っていうことですよね。

さすが、ゆいちゃん。わかってきたね。それにね、実現性のあるアイデア、発想も、論理力がなくては生まれないものなんだ。商品の企画だって、過去の事例や現在の消費者の嗜好《しこう》、同業他社の動向など、さまざまな要素を分析して、そこからどんなものが受け入れられるか、支持を得られるかを導き出すことでいいものが生まれるだろう。その作業だって、論理力がなければできないよ。

きちんとした論理的思考からでなければ、いいアイデアも生み出せないのか。

ポッと浮かんだ思いつきでものになるのなんて、一〇個のうち一つあればいいんじゃないかな。いや、もっと確率は低いな。一〇〇個に一つかもしれない。

うーん、自信がなくなりそう。でも、がんばって考える力をつけないと、生き残れないんですよね？

そうだね、少なくとも、これからは考える力がなくては、評価されないだろうね。でも、論理力と一緒で、意識さえしっかり持っていれば、考える力は確実に身につくものなんだ。だって、**人間は「考える生き物」**なんだから。それに、**考える力さえ持てば、これからの人生のいろいろな場面で、すごく大きな武器になってくれるはず**だよ。

そう言われると、少しは元気になるかな。今日から、論理力を磨いて、考える力をつけるようにがんばります！

ゆいちゃんならできるさ。もちろん僕も応援するからね。

おわりに

本書を読んでいただいて、論理的に考えることがどれだけ大切か、そして、論理的に考える技術を身につけることが、思っているほど難しくはないということがわかっていただけたと思います。

この「おわりに」を読んでいるあなたには、すでに論理的思考の基礎ができあがっています。第1章を読んでいたときと今とでは、読む速さも理解度も明らかに違っていることに気づいているはずです。

あとは、その力を強化し、論理的思考を完全に自分のものにしてしまうための日常的実践トレーニングをすればいいだけです。

大切なのは、論理を意識する習慣を身につけること。いつも論理を意識して考え、読み、書き、話すことを心がけましょう。

論理を意識する習慣が身についたとき、論理的思考は完全にあなたのものになったといえるのです。

現代は、とにかく独創性が求められる時代です。その傾向はこれからますます強くなるでしょう。独創性とは、自分自身で論理的に考えることにほかなりません。

本書がその手助けになってくれることを心から願っています。

出口 汪

出口《でぐち》 汪《ひろし》の論理的《ろんりてき》に考《かんが》える技術《ぎじゅつ》

2012年2月25日　初版第1刷発行
2013年4月30日　初版第7刷発行

著者	出口《でぐち》 汪《ひろし》
発行者	小川 淳
発行所	ソフトバンク クリエイティブ株式会社 〒106-0032　東京都港区六本木 2-4-5 電話 03-5549-1201（営業部）
印刷・製本	中央精版印刷株式会社
編集協力	コーエン企画
イラスト	ソウ
ブックデザイン	村橋雅之
校正	鳥海美江（バード・ワーク）
本文組版	アーティザンカンパニー株式会社

落丁本、乱丁本は小社営業部にてお取り替えいたします。
定価は、カバーに記載されております。
本書に関するご質問は、小社ソフトバンク文庫編集部まで書面にてお願いいたします。

 ISBN 978-4-7973-6763-8

既刊好評発売中

なぜ、仕事ができる人は残業をしないのか？

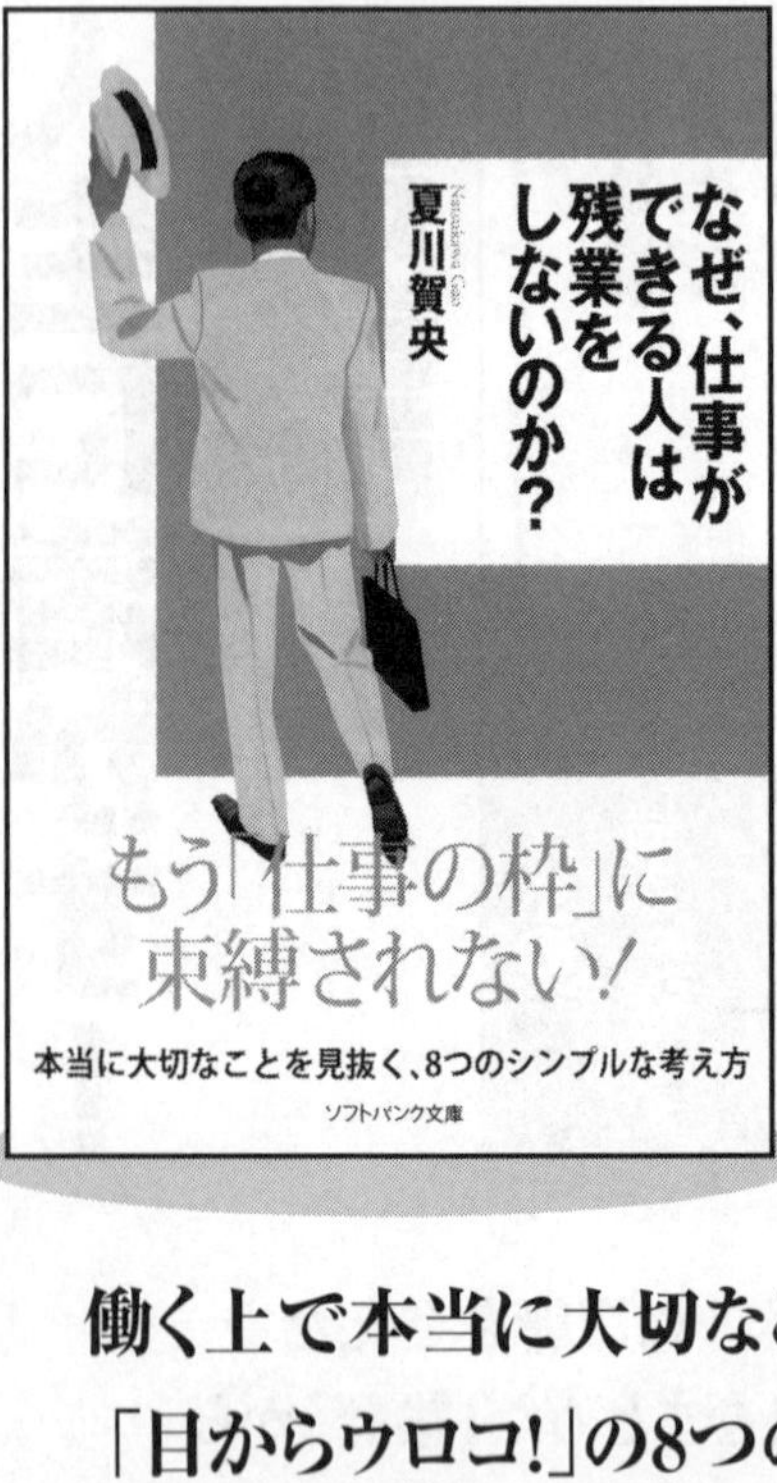

働く上で本当に大切なことを見抜く、
「目からウロコ！」の8つのシンプルな
考え方をわかりやすく紹介。

夏川賀央［著］

定価683円（税込）　ISBN 978-4-7973-6664-8　ソフトバンク文庫